# ACCESO GRATIS *a la Lectura en la Nube*

AF237868

Para visualizar el libro electrónico en la nube de lectura envíe junto a su nombre y apellidos una fotografía del código de barras situado en la contraportada del libro y otra del ticket de compra a la dirección:

**ebooktirant@tirant.com**

En un máximo de 72 horas laborales le enviaremos el código de acceso con sus instrucciones.

En caso de erratas y actualizaciones, la Editorial Tirant lo Blanch publicará la pertinente corrección en la página web www.tirant.com.

Fotografía de la portada: Adrián Beltrán Marín

© TIRANT LO BLANCH
EDITA: TIRANT LO BLANCH
C/ Artes Gráficas, 14 - 46010 - VALENCIA
TELFS.: 96/361 00 48 - 50
Fax: 96/369 41 51
Email: tlb@tirant.com
www.tirant.com
Librería Virtual: www.tirant.es
DEPOSITO LEGAL: V-3221-2024
ISBN: 978-84-1071-611-7
MAQUETA E IMPRIME: Tink Factoría de Color , S.L.

Si tiene alguna queja o sugerencia, envíenos un mail a: atencioncliente@tirant.com.
En caso de no ser atendida su sugerencia, por favor, lea nuestro procedimiento de quejas en:
www.tirant.net/index.php/empresa/politicas-de-empresa

Responsabilidad Social Corporativa
http://www.tirant.net/Docs/RSCTirant.pdf

VNIVERSITAT ÖĠ ID VALÈNCIA

# INFERENCIA

Doble grado en Administración y Dirección de
Empresas y Derecho

Eduardo Beamonte Córdoba

Valencia, septiembre de 2024.

# Índice

# Tema 1

# Revisión de modelos y convergencia estocástica

En el pasado curso de Estadística Básica se introdujeron algunos capítulos dedicados a los modelos de probabilidad más importantes. En este primer tema introductorio se revisan los que van a ser utilizados en el presente curso y se establece el concepto de convergencia estocástica como una extensión de la convergencia numérica al campo de las variables aleatorias.

## 1.1. Variables aleatorias y modelos de probabilidad

Con el fin de llevar a cabo una asignación numérica a los resultados de un experimento aleatorio se definen las variables aleatorias, que no son más que aplicaciones que transforman los sucesos de un espacio muestral en números. Cuando la dimensión es igual o superior a dos entonces se habla de vectores aleatorios.

Los modelos de probabilidad univariantes discretos más importantes son el Bernouilli, el Binomial y el Poisson y dentro de los continuos, el Uniforme, el Exponencial y el Normal.

El sencillo modelo de probabilidad Bernouilli se corresponde con una distribución dicotómica. La función de probabilidad o de cuantía de una variable aleatoria $X$ con distribución $Br(\theta)$ es

$$f(x) = \begin{cases} \theta & si \ x = 1 \\ 1 - \theta & si \ x = 0 \\ 0 & en \ otro \ caso. \end{cases}$$

La media y la varianza de una distribución Bernouilli de parámetro $\theta$ son, respectivamente,

$$\mu = E(X) = \sum_{x_i \in X(\Omega)} x_i \, f(x_i) = (0)(1 - \theta) + (1)(\theta) = \theta$$

$$\sigma^2 = Var(X) = \sum_{x_i \in X(\Omega)} x_i^2 \, f(x_i) - \mu^2 = (0)^2(1 - \theta) + (1)^2(\theta) - \theta^2 =$$

$$= \theta(1 - \theta).$$

La realización de $n$ experimentos aleatorios independientes del tipo Bernouilli y la consideración del número de éxitos en esas $n$ pruebas, da lugar a una variable aleatoria cuya distribución recibe el nombre de Binomial y tiene dos parámetros: $n$, el número de realizaciones independientes del experimento y $\theta$, la probabilidad de éxito en cada una de las pruebas Bernouilli.

La función de probabilidad de una variable aleatoria $X \sim Bi(n, \theta)$, que nos proporciona la probabilidad de obtener un número determinado de éxitos en

$n$ pruebas dicotómicas independientes es

$$f(x) = \begin{cases} \binom{n}{x} \theta^x (1-\theta)^{n-x} & si \ \ x = 0, 1, \ldots, n \\ 0 & en \ otro \ caso. \end{cases}$$

La media de la distribución $Bi(n, \theta)$ es $\mu = n\theta$ y su varianza $\sigma^2 = n\theta(1-\theta)$.

Se dice que una variable aleatoria $X$ sigue una distribución de probabilidad Poisson de parámetro $\lambda > 0$, $X \sim Po(\lambda)$, cuando su función de probabilidad o de cuantía es igual a

$$f(x) = \begin{cases} \exp(-\lambda) \frac{\lambda^x}{x!} & si \ \ x \in \mathbb{N} \\ 0 & en \ otro \ caso. \end{cases}$$

La media y la varianza de una variable aleatoria Poisson son iguales y coinciden precisamente con el parámetro $\lambda$ de la distribución.

Dados $a, b \in \mathbb{R}$ con $a < b$, se dice que una variable aleatoria sigue una distribución Uniforme entre $a$ y $b$, $X \sim Un(a, b)$, si su función de densidad resulta igual a

$$f(x) = \begin{cases} \frac{1}{b-a} & si \ \ x \in [a, b] \\ 0 & en \ otro \ caso. \end{cases}$$

La media de la distribución $Un(a, b)$ es el punto medio del intervalo, $\mu = \frac{a+b}{2}$ y su varianza es $\sigma^2 = \frac{(b-a)^2}{12}$.

Se dice que una variable aleatoria positiva sigue una distribución Exponencial de parámetro $\lambda > 0$, $X \sim Ex(\lambda)$, si su función de densidad es

$$f(x) = \begin{cases} \lambda \exp(-\lambda x) & si \ \ x > 0 \\ 0 & en \ otro \ caso. \end{cases}$$

La media de esta distribución es igual al inverso del parámetro, $\mu = \frac{1}{\lambda}$, y su varianza resulta $\sigma^2 = \frac{1}{\lambda^2}$.

Sin ningún género de dudas, la distribución Normal es la más importante de las distribuciones continuas utilizadas en Estadística. Una variable aleatoria que toma valores en toda la recta real sigue una distribución Normal de media $\mu$ y varianza $\sigma^2$, $X \sim N(\mu, \sigma^2)$, si su función de densidad es

$$f(x) = \frac{1}{\sigma\sqrt{2\pi}} \exp\left[-\frac{1}{2}\left(\frac{x-\mu}{\sigma}\right)^2\right], \ x \in \mathbb{R}.$$

Cuando $\mu = 0$ y $\sigma = 1$, entonces $X \sim N(0,1)$ y se dice que la variable aleatoria sigue una distribución Normal estándar o tipificada.

Toda transformación lineal de una variable aleatoria Normal es también Normal, por lo que puede ser obtenida cualquier probabilidad a partir de la distribución Normal estándar. En efecto, como la función de distribución correspondiente a una variable Normal tipificada se encuentra tabulada, para hallar cualquier probabilidad del tipo $p(a \leq X \leq b)$, relativa a una variable $X \sim N(\mu, \sigma^2)$, se procede a tipificar la misma y a consultar las tablas,

$$p(a \leq X \leq b) = p\left(\frac{a-\mu}{\sigma} \leq \frac{X-\mu}{\sigma} \leq \frac{b-\mu}{\sigma}\right) = \Phi\left(\frac{b-\mu}{\sigma}\right) - \Phi\left(\frac{a-\mu}{\sigma}\right),$$

donde $\Phi$ es la función de distribución Normal estándar.

Las tablas de la función de distribución Normal estándar suelen estar disponibles sólo para abscisas positivas, pues debido a la simetría respecto al cero de dicha distribución se tiene que $p(X \leq x) = \Phi(x) = 1 - \Phi(-x) = p(X \geq -x)$, $\forall x \in \mathbb{R}$.

En lo relativo a los modelos de probabilidad multivariantes también la distribución Normal multivariante es la más importante de todas. Se establece su definición en el caso bidimensional del siguiente modo.

Dadas $Z_1$ y $Z_2$ variables aleatorias independientes e idénticamente distribuidas según una $N(0,1)$, entonces el vector aleatorio $(Z_1, Z_2)'$ sigue una distribución Normal bivariante reducida o Binormal reducida,

$$\begin{pmatrix} Z_1 \\ Z_2 \end{pmatrix} \sim N \left[ \boldsymbol{\mu} = \begin{pmatrix} 0 \\ 0 \end{pmatrix}, \Sigma = \begin{pmatrix} 1 & 0 \\ 0 & 1 \end{pmatrix} \right].$$

Definiendo de un modo adecuado una transformación lineal bivariante sobre $(Z_1, Z_2)'$ podemos obtener un vector aleatorio con vector de medias y matriz de varianzas-covarianzas cualesquiera y con distribución Normal bivariante o Binormal.

La distribución Normal bivariante también goza de algunas interesantes y atractivas propiedades, como por ejemplo que tanto las marginales univariantes como las correspondientes distribuciones condicionadas de una Binormal son Normales.

También se tiene en el caso Normal que incorrelación implica independencia, es decir, si $X_1$ y $X_2$ son Normales incorreladas, entonces $X_1$ y $X_2$ son independientes.

Dado un vector aleatorio $(X_1, X_2)' \sim N(\boldsymbol{\mu}, \Sigma)$ y considerada la transformación lineal univariante $Y = aX_1 + bX_2 + c$, con $a, b, c \in \mathbb{R}$, se verifica que $Y \sim N(a\mu_1 + b\mu_2 + c, \ a^2\sigma_1^2 + b^2\sigma_2^2 + 2ab\sigma_{12})$.

También se tiene el resultado anterior bajo la hipótesis de Normalidad e independencia para $X_1$ y $X_2$, esto es, si $X_1 \sim N(\mu_1, \sigma_1^2)$, $X_2 \sim N(\mu_2, \sigma_2^2)$, independientes, entonces para $a, b, c \in \mathbb{R}$, se cumple que la transformación lineal univariante $Y = aX_1 + bX_2 + c \sim N(a\mu_1 + b\mu_2 + c, a^2\sigma_1^2 + b^2\sigma_2^2)$.

**POR EJEMPLO:**

*sea el vector aleatorio $(X_1, X_2)'$ cuyas componentes $X_1$ y $X_2$ representan, respectivamente, los ingresos brutos y los gastos, en miles de euros, derivados de la venta de un valor mobiliario. Supongamos dicho vector modelizado según una distribución Normal bivariante $\binom{X_1}{X_2} \sim N\left[\binom{600}{30}, \begin{pmatrix} 100 & 30 \\ 30 & 9 \end{pmatrix}\right]$, entonces la probabilidad de que los ingresos netos obtenidos por la venta de un determinado valor sean superiores a 584 miles de euros es igual a $p(T \geq 584)$, donde $T = X_1 - X_2 \sim N\left(\mu_t, \sigma_t^2\right)$ y representa los ingresos netos en miles de euros. Su media es $\mu_t = \mu_1 - \mu_2 = 600 - 30 = 570$, su varianza $\sigma_t^2 = \sigma_1^2 + \sigma_2^2 - 2\sigma_{12} = 100 + 9 - 60 = 49$ y la probabilidad requerida es $p(T \geq 584) = p\left(\frac{T-\mu_t}{\sigma_t} \geq \frac{584-570}{7}\right) = p(Z \geq 2) = 1 - \Phi(2) = 0.0227$, donde $Z = \frac{T-\mu_t}{\sigma_t} \sim N(0, 1)$.*

## 1.2.   Convergencia en modelos estocásticos

El concepto de convergencia para las sucesiones numéricas puede ser generalizado para variables aleatorias y hablar así de una suerte de *convergencia estocástica*.

Dada una sucesión de variables aleatorias, la idea es que a pesar del habitual desconocimiento de las respectivas distribuciones de probabilidad, en muchas ocasiones es posible aproximar la distribución de probabilidad de la suma de un gran número de variables.

Existen diferentes tipos de convergencia estocástica: convergencia casi segura, convergencia en probabilidad, convergencia en media cuadrática, convergencia en distribución, etc. Sin embargo, no es objeto de este curso la consideración de los distintos tipos de convergencia. Únicamente introduciremos en el siguiente punto un resultado genérico de gran importancia estadística.

La *ley de los grandes números* es uno de los primeros y más importantes resultados de convergencia estocástica. Bajo sus distintas formulaciones según las hipótesis consideradas, básicamente demuestra la convergencia del promedio de una sucesión de variables aleatorias a la media de las esperanzas de las mismas.

Por ejemplo, el *teorema de Bernouilli* es un caso particular de esta ley para variables aleatorias Bernouilli. Dada una sucesión $\{X_i\}_{i=1}^{\infty}$ de variables aleatorias independientes e idénticamente distribuidas según una $Br(\theta)$, la media aritmética de las $n$ primeras variables aleatorias, $\frac{\sum_{i=1}^{n} X_i}{n}$, converge a la media poblacional $\theta$.

La también llamada *ley de regularidad estadística* es intuitivamente un resultado de sencilla observación. Si en una población existe una determinada proporción de individuos con una cierta característica, seleccionados unos cuantos para su examen, la proporción de individuos con la característica de interés estará tanto más próxima a la proporción poblacional cuanto mayor sea el número de individuos seleccionados.

## 1.3.  Teorema central del límite

Sin ningún género de dudas, el *teorema central del límite* es uno de los resultados estadísticos de mayor importancia. También se han formulado diferentes teoremas según las hipótesis condicionantes pero la más genérica, y la considerada en este curso, aproxima la distribución de probabilidad de la suma de muchas variables aleatorias independientes e idénticamente distribuidas a una distribución Normal.

Formalmente, dadas $\{X_i\}_{i=1}^{\infty}$ variables aleatorias independientes e idénticamente distribuidas con media $\mu$ y varianza $\sigma^2$ no nula, entonces la variable $\sum_{i=1}^{n} X_i \approx N(n\mu, n\sigma^2)$.

Como cualquier combinación lineal de variables aleatorias Normales independientes también es Normal, se tendrá asimismo la distribución aproximada para $\overline{X}_n = \frac{\sum_{i=1}^{n} X_i}{n} \approx N\left(\mu, \frac{\sigma^2}{n}\right)$.

La varianza de esta última distribución puede ser reducida tanto como se desee sin más que aumentar el tamaño muestral $n$. Como la varianza mide la dispersión relativa respecto a la media, podría también ser aproximada la variable aleatoria $\overline{X}_n$ a la media poblacional desconocida con el grado de precisión requerido.

Su importancia radica en la posibilidad de obtención de cualquier resultado aproximado relativo a la suma de $n$ variables aleatorias tan sólo exigiendo su independencia, su equidistribución y que $n$ sea suficientemente grande. Ni tan siquiera se precisa el conocimiento de la distribución de probabilidad de las variables aleatorias, tan sólo que sea la misma para todas ellas.

En la práctica, se tiene la validez de la aproximación para $n \geq 30$, si bien la convergencia puede ser más rápida si la distribución poblacional es parecida a la distribución Normal.

---

**POR EJEMPLO:**

*si consideramos la variable aleatoria $X$, unidades diarias vendidas de un cierto artículo, con media $\mu_x = 50$ y varianza $\sigma_x^2 = 100$, la probabilidad de que en 182 días sean vendidas más de 9200 unidades puede aproximarse utilizando el teorema central del límite. Suponiendo independencia y equidistribución para las ventas diarias se tiene que $Y = \sum_{i=1}^{182} X_i \approx N\left(\mu_y, \sigma_y^2\right)$, donde $\mu_y = (182)(50) = 9100$ y $\sigma_y^2 = (182)(100) = 18200$. Así, $p(Y > 9200) = p\left(\frac{Y - \mu_y}{\sigma_y} > \frac{9200 - 9100}{\sqrt{18200}}\right) = p(Z_y > 0.7412) \simeq 0.2293$, donde $Z_y = \frac{Y - \mu_y}{\sigma_y} \approx N(0, 1)$.*

---

## 1.4. Distribuciones derivadas de la Normal

Introducimos en este apartado dos nuevas distribuciones de probabilidad derivadas de la Normal, la distribución *Chi-cuadrado* y la distribución *t de Student*.

Dadas $X_1, \ldots, X_n$ variables aleatorias independientes e idénticamente distribuidas según una $N(0, 1)$ entonces $\sum_{i=1}^{n} X_i^2 \sim \chi_n^2$. La Chi-cuadrado es una distribución continua y positiva, tiene un único parámetro denominado *grados de libertad*, su media coincide con los grados de libertad y su varianza es igual a la media al cuadrado.

Dadas $X \sim N(0, 1)$ e $Y \sim \chi_n^2$, variables aleatorias independientes entonces $\frac{X}{\sqrt{Y/n}} \sim t_n$. La t de Student es una distribución continua de variable real, tiene un único parámetro coincidente con los grados de libertad, su función de densidad es tanto más similar a la de la Normal cuanto mayores son los grados de libertad y resulta simétrica respecto a la media cero, pero con las colas un poco más pesadas.

# Tema 2

# Introducción a la inferencia estadística

Resulta habitual para el investigador complementar la estadística descriptiva, la mera clasificación y descripción de los datos, con la *inferencia estadística*, consistente en la obtención de conclusiones genéricas a partir de los mismos. Además, al estar basadas en una parte del todo, estas conclusiones han de tener en cuenta el azar y, consecuentemente, la inferencia estadística precisa la utilización de herramientas de la Teoría Matemática de la Probabilidad para la formulación de un modelo de probabilidad adecuado para los datos.

## 2.1.   Conceptos generales: universo, población y muestra. Objetivos de la inferencia estadística

Un colectivo de individuos o conjunto de $N$ elementos perfectamente identificados, $U = \{u_1, \ldots, u_N\}$, recibe el nombre de *universo*. Considerada una variable $X$, observable sobre todos y cada uno de los individuos, se denomina *población* asociada por $X$ al universo $U$ al conjunto de $N$ observaciones $(x_1, \ldots, x_N)$.

Evidentemente, pueden ser consideradas diferentes poblaciones sobre un mismo universo. Tantas como características susceptibles de observación.

El análisis o estudio de una población suele ser no operativo, cuando no imposible. Su habitual elevado tamaño hace inviable el análisis de todas sus unidades y es por ello que se recurre a la *investigación por muestreo*. Se define una *muestra* de tamaño $n$ del universo $U$ como un subconjunto del mismo, $\{u_1, \ldots, u_n\}$. Por extensión, también se denomina muestra, datos u *observaciones muestrales* al correspondiente subconjunto de la población, $(x_1, \ldots, x_n)$. Obsérvese que para no complicar en demasía la notación se procede normalmente a abusar un poco de la misma.

Como se ha comentado, el principal objetivo de la inferencia estadística es la obtención de conclusiones para una población estudiando tan sólo una muestra de la misma. Es por esto, por el hecho de establecer conclusiones para un todo analizando tan sólo una parte, que dichas conclusiones han de ser matizadas por un grado de fiabilidad. Por la dificultad o imposibilidad de su obtención, las características poblaciones son aproximadas por las muestrales con el correspondiente grado de precisión.

Obviando la posibilidad de analizar todo el universo (circunstancia que sólo concurre en los denominados *censos*), se trata de elegir una muestra que sea *representativa* de la población, es decir, que de una forma aproximada tenga sus mismas características. El problema deviene de la pretensión de aproximar algo desconocido.

La solución habitual es la *selección aleatoria* de las unidades muestrales dado que permite la medición del grado de fiabilidad de las conclusiones inferenciales obtenidas. Se trata de elegir los elementos de la muestra mediante un procedimiento en el que intervenga el azar.

---

**POR EJEMPLO:**

*un empresario desea estudiar el volumen medio de compras a lo largo de un día de un cierto producto. El universo estaría formado por todos los compradores de dicho producto en ese día y la población de interés, el valor de la compra realizada en euros. Debido a su tamaño, podría considerarse el análisis de tan sólo una parte de la misma, esto es, una muestra formada, por ejemplo, por 10 compras elegidas al azar en cada intervalo horario en el que está abierto el comercio. El empresario podría entonces obtener conclusiones aproximadas para el volumen medio diario de compras de dicho producto utilizando menos de un centenar de datos.*

---

En lo que sigue se admite que la población está constituida por los valores que toma una variable aleatoria $X$ que sigue una cierta distribución de probabilidad $F(x)$. De este modo, el objetivo estará centrado en el análisis de la distribución de probabilidad poblacional y en la mayoría de las ocasiones ésta no estará completamente determinada, es decir, se conocerá a lo sumo la familia de pertenencia pero no alguno de sus parámetros.

## 2.2.  Tipos de muestreo. Muestreo aleatorio

Una muestra se dice *aleatoria* cuando sus elementos han sido elegidos al azar de entre todos los del universo.

Una muestra es *aleatoria simple* cuando sus componentes han sido obtenidos mediante un procedimiento en el que interviene el azar de forma que todas las posibles elecciones muestrales son igualmente probables.

Atendiendo a la consideración anterior, dada una población representada por una variable aleatoria $X$ con distribución de probabilidad $F(x)$, diremos que una muestra $(x_1, \ldots, x_n)$ de dicha población es aleatoria simple cuando las observaciones muestrales $x_i$ son concreciones de las correspondientes variables aleatorias $X_i$, $i = 1, \ldots, n$, independientes e idénticamente distribuidas según $F(x)$.

Como ya se ha comentado con anterioridad, la utilización de una muestra aleatoria simple permite asociar una medida de fiabilidad al resultado aproximado proporcionado.

Existen otros tipos de muestreo: estratificado, sistemático, muestreo por conglomerados, etcétera; pero en este curso se va a dar solución a la casi totalidad de los problemas inferenciales propuestos utilizando únicamente el muestreo aleatorio simple.

## 2.3. Estadísticos y distribuciones asociadas

Un *estadístico* es una función de los datos. Dada una muestra aleatoria $(x_1, \ldots, x_n)$ de una población representada por una variable aleatoria X, toda transformación $t = t(x_1, \ldots, x_n)$ es un estadístico.

Entre los estadísticos de mayor relevancia se encuentran la *media muestral*, $\overline{x} = \frac{1}{n} \sum_{i=1}^{n} x_i$; la *varianza muestral*, $s^2 = \frac{1}{n} \sum_{i=1}^{n} (x_i - \overline{x})^2$; la *cuasivarianza muestral*, $\dot{s}^2 = \frac{1}{n-1} \sum_{i=1}^{n} (x_i - \overline{x})^2 = \frac{n}{n-1} s^2$; el *máximo*, máx$(x_1, \ldots, x_n)$; el *mínimo*, mín$(x_1, \ldots, x_n)$, etcétera.

El estadístico puede ser tanto un valor numérico como una variable aleatoria. En efecto, si la función de los datos es considerada sobre las variables aleatorias $(X_1, \ldots, X_n)$ asociadas con la muestra, entonces el estadístico es una función de variables aleatorias, $T = t(X_1, \ldots, X_n)$, y consecuentemente una variable aleatoria. De hecho, los valores del estadístico numérico no son más que las concreciones del estadístico variable aleatoria, que como tal tendrá su distribución de probabilidad determinada por la distribución conjunta muestral.

Precisamente, la distribución de probabilidad de los estadísticos más importantes es de gran utilidad en inferencia estadística. A continuación, se presentan algunos resultados para la media muestral y varianza muestral bajo la consideración de diferentes hipótesis poblacionales.

Considérese una población representada por una variable aleatoria $X$ con distribución de probabilidad $F(x)$, media $\mu$ y varianza $\sigma^2$. Obtenida una muestra aleatoria simple de tamaño $n$ de la población, $(x_1, \ldots, x_n)$, entonces se tienen los siguientes resultados

- $E(\overline{X}) = \mu$

Es decir, la media de la media es la media. La variable aleatoria media muestral tomará, evidentemente, diferentes valores para los distintos conjuntos de datos, pero si tomamos un número elevado de muestras, obtenemos las diferentes medias muestrales y calculamos su promedio, entonces éste se aproximará a la media poblacional, siendo tanto mejor la aproximación cuanto mayor sea el número de muestras consideradas.

- $Var(\overline{X}) = \frac{\sigma^2}{n}$

La varianza de la media muestral es igual a la poblacional dividida entre el tamaño muestral. Lógicamente, si la población está poco dispersa, esto es, si tiene una varianza reducida, cabe esperar lo mismo para la media muestral, es decir, tampoco habrá diferencias notables entre las medias de las diferentes muestras. Además, la propia media muestral produce una suavización de las desviaciones entre las observaciones individuales, tanto mayor cuanto más elevado sea el tamaño muestral.

- $E(S^2) = \frac{n-1}{n}\,\sigma^2$

La media de la varianza muestral es casi la poblacional. De hecho, la media de la cuasivarianza muestral sí que es la varianza poblacional.

Estos resultados son muy poco restrictivos y genéricos para cualquier distribución poblacional y tamaño muestral. Si además éste es grande se cumple que

- $\overline{X} \approx N\left(\mu, \frac{\sigma^2}{n}\right)$

Esto es, entonces es de aplicación el teorema central del límite y se tiene la distribución Normal aproximada para la media muestral.

Si puede ser asumida la distribución de probabilidad Normal $N(\mu, \sigma^2)$ para la población entonces se cumple el siguiente resultado para cualquier tamaño muestral

- $\overline{X} \sim N\left(\mu, \frac{\sigma^2}{n}\right)$

Es decir, se tiene la distribución Normal, no ya aproximada sino exacta, para la media muestral.

También se cumple en el caso de que la población sea Normal que

- $\frac{nS^2}{\sigma^2} \sim \chi^2_{n-1}$

Esto es, una sencilla transformación de la varianza muestral sigue una distribución Chi-cuadrado con $n-1$ grados de libertad.

Y que

- $\overline{X}$ y $S^2$ son independientes

Es decir, la independencia entre las variables aleatorias media muestral y varianza muestral.

Estos tres últimos resultados, establecidos bajo la hipótesis de Normalidad para la distribución poblacional, constituyen el llamado *teorema de Fisher*, resultado particular de uno menos restrictivo conocido como el *teorema de Cochran*.

---

**POR EJEMPLO:**

*si se supone Normalidad para la variable aleatoria $X$ del tema anterior y, con los mismos estadísticos muestrales, reducida la muestra a $n = 10$ unidades, entonces la media de unidades vendidas en esos 10 días también seguirá una distribución Normal, $\overline{X} \sim N\left(\mu_x = 50, \frac{\sigma_x^2}{n} = \frac{100}{10} = 10\right)$. La probabilidad de que se vendan más de 51 unidades por término medio es $p\left(\overline{X} > 51\right) = p\left(\frac{\overline{X} - \mu_x}{\sigma_x/\sqrt{n}} > \frac{51-50}{\sqrt{10}}\right) = p(Z_{\overline{x}} > 0.3162) = 0.3759$, donde $Z_{\overline{x}} = \frac{\overline{X} - \mu_x}{\sigma_x/\sqrt{n}} \sim N(0,1)$.*

*También se tiene que $\frac{nS_x^2}{\sigma_x^2} \sim \chi_{n-1}^2$, es decir, $Y = (0.1)S_x^2 \sim \chi_9^2$. La probabilidad de que la varianza muestral sea inferior a 80 es $p\left(S_x^2 < 80\right) = p\left((0.1)S_x^2 < (0.1)(80)\right) = p(Y < 8) = 0.4659$.*

# Tema 3

# Estimación

Uno de los principales problemas inferenciales es el de proporcionar aproximaciones a las características poblacionales desconocidas. Como el objetivo es investigar la distribución de probabilidad de la población, en la mayoría de las ocasiones serán aproximados los parámetros de la misma.

## 3.1. Estimación puntual: estimadores y estimaciones. Propiedades de los estimadores

Considérese una población representada por una variable aleatoria $X$ y una muestra aleatoria $(x_1, \ldots, x_n)$ de la misma. Se denomina *estimación* de $\theta$, una cierta característica poblacional desconocida, a todo estadístico utilizado para su aproximación. Cuando el estadístico es considerado como variable aleatoria entonces recibe el nombre de *estimador*.

Los criterios de preferencia entre estimadores están basados en la distribución de probabilidad del estimador y más concretamente en el grado de concentración de la misma en torno a la característica desconocida a aproximar. Se realizará la comparación entre estimadores conviniendo que un buen estimador proporcionará por regla general buenas estimaciones y que un mal estimador, las proporcionará malas.

Dado un estimador $\hat{\theta} = \hat{\theta}(X_1, \ldots, X_n)$ de $\theta$, se define el *error cuadrático medio* del estimador como $E\left[(\hat{\theta} - \theta)^2\right]$, función de $\theta$. Así, se dice que un estimador $\hat{\theta}$ es *mejor* que otro $\theta^*$ si $E\left[(\hat{\theta} - \theta)^2\right] \leq E\left[(\theta^* - \theta)^2\right] \forall \theta \in \Omega$.

---

**POR EJEMPLO:**

*supóngase que se dispone de una muestra aleatoria simple $(x_1, \ldots, x_n)$ de una población representada por una variable aleatoria $X \sim N(\mu, \sigma^2)$ de la que se quiere estimar la media. Si se consideran los estimadores media muestral, $\overline{X}$, y la semisuma del primer y último dato, $\mu^* = \frac{X_1 + X_n}{2}$, entonces el error cuadrático medio de la media muestral es $E\left[(\overline{X} - \mu)^2\right] = Var\left(\overline{X}\right) = \frac{\sigma^2}{n}$ y el del estimador $\mu^*$ resulta $E\left[(\mu^* - \mu)^2\right] = Var(\mu^*) = \frac{1}{4}(Var(X_1) + Var(X_n)) = \frac{\sigma^2}{2}$, mayor o igual que el de la media muestral para cualquier valor de $\mu$, por tanto la media muestral es mejor estimador que $\mu^*$.*

---

Un estimador que es mejor que cualquier otro se dice *óptimo*, es decir, aquel que tiene el menor error cuadrático medio para cualquier valor del parámetro.

Un estimador es *insesgado* si su media resulta igual al parámetro que estima. El *sesgo* de un estimador $\hat{\theta}$ de $\theta$ es una función del parámetro y se define como $b(\theta) = E(\hat{\theta}) - \theta$. Consecuentemente, un estimador es insesgado si su sesgo es cero. La insesgadez es una atractiva propiedad para los estimadores toda vez que aquellos que la poseen resultan por término medio iguales a la característica poblacional desconocida que aproximan.

El error cuadrático medio de un estimador se puede descomponer como suma de dos cantidades positivas, $E\left[(\hat{\theta} - \theta)^2\right] = Var(\hat{\theta}) + b^2(\theta)$. Así, si el criterio de elección se restringe al conjunto de estimadores insesgados sólo se han de comparar las varianzas de los mismos. De hecho, el de menor varianza recibe el nombre de *estimador insesgado óptimo*.

## 3.2. Métodos de obtención de estimadores

Existen diferentes métodos de obtención de estimadores, no obstante en el presente curso sólo se va a proponer uno de ellos. Se trata del más importante que proporciona, por regla general, buenos estimadores. Está basado en la maximización de la denominada *función de verosimilitud*, función del parámetro que mide el grado de coherencia que presenta dicho valor con los datos muestrales.

La función de verosimilitud es igual a $l(\theta) = f(x_1, \ldots, x_n; \theta)$, es decir, la función de probabilidad o de densidad conjunta muestral pero considerada como función de $\theta$.

El *estimador máximo verosímil* es el máximo de la función de verosimilitud. Habitualmente, para simplificar el proceso de optimización se maximiza su logaritmo dado que por la inyectividad de dicha función resultan procedimientos equivalentes.

La dual consideración del estadístico motiva la definición de la *estimación máximo verosímil*, es decir, el valor que toma el estimador máximo verosímil sobre una muestra concreta.

El estimador máximo verosímil es invariante frente a transformaciones biyectivas, es decir, si $\hat{\theta}$ es el estimador máximo verosímil de $\theta$ y $g$ es una función biyectiva, entonces $g(\hat{\theta})$ es el estimador máximo verosímil de $g(\theta)$.

---

**POR EJEMPLO:**

*supóngase que se dispone de una muestra aleatoria simple $(x_1, \ldots, x_n)$ de una población representada por una variable aleatoria $X \sim Po(\lambda)$ de la que se quiere estimar la media $\mu = \lambda$. Como la función de probabilidad Poisson es $f(x) = \frac{e^{-\lambda}\lambda^x}{x!}$, $\lambda > 0$, $x \in \mathbb{N}$, la función de verosimilitud resulta $l(\lambda) = f(x_1, \ldots, x_n; \lambda) = \prod_{i=1}^{n} f(x_i) = \prod_{i=1}^{n} \frac{e^{-\lambda}\lambda^{x_i}}{x_i!} = e^{-n\lambda} \frac{\lambda^{\sum_{i=1}^{n} x_i}}{\prod_{i=1}^{n} x_i!}$, $\lambda > 0$.*

*Su logaritmo es $\log l(\lambda) = -n\lambda + \sum_{i=1}^{n} x_i (\log \lambda) - \sum_{i=1}^{n} \log(x_i!)$ y la primera derivada respecto a $\lambda$, $\frac{d \log l(\lambda)}{d\lambda} = -n + \frac{\sum_{i=1}^{n} x_i}{\lambda}$, que igualada a cero proporciona la solución $\hat{\lambda} = \frac{\sum_{i=1}^{n} x_i}{n} = \overline{x}$.*

*Como la segunda derivada evaluada en $\lambda = \hat{\lambda}$ es negativa, $\left. \frac{d^2 \log l(\lambda)}{d\lambda^2} \right|_{\lambda=\hat{\lambda}} = -\frac{\sum_{i=1}^{n} x_i}{\hat{\lambda}^2} = -\frac{n}{\overline{x}} < 0$, la solución obtenida es máximo y, consecuentemente, la estimación máximo verosímil.*

---

## 3.3.  Estimación por intervalos

En el apartado anterior se ha proporcionado una solución puntual al problema de estimación. También se ha propuesto el error cuadrático medio para la comparación de estimadores pero no como medida del error cometido en la aproximación.

Una alternativa a la solución puntual que sí contempla esta posibilidad de proporcionar una medida del error es la *estimación por intervalos*. Consiste en definir un intervalo a partir de los datos muestrales que contenga a la característica desconocida con unas determinadas garantías.

Considérese una población representada por una variable aleatoria $X$ de la cual se desea aproximar una característica desconocida $\theta$. Supóngase obtenida una muestra aleatoria $(x_1, \ldots, x_n)$ de la misma y sean $I_1 = i_1(X_1, \ldots, X_n)$ e $I_2 = i_2(X_1, \ldots, X_n)$ estadísticos tales que $p(I_1 \leq \theta \leq I_2) = 1 - \alpha$, $0 < \alpha < 1$, cualquiera que sea el valor desconocido del parámetro. Entonces, se dice que el intervalo aleatorio $[I_1, I_2]$ contiene a $\theta$ con una probabilidad $1 - \alpha$.

Si se consideran los estadísticos numéricos, los valores $i_1$ e $i_2$ que toman las variables aleatorias $I_1$ e $I_2$ sobre la muestra concreta, entonces $[i_1, i_2]$ es el *intervalo de confianza* $1 - \alpha$ para $\theta$.

El *error de estimación* se define como la amplitud del intervalo y la *precisión* del mismo viene determinada por el propio error de estimación y la confianza. Su relación es directa en el sentido de que a mayor confianza, mayor error y viceversa.

En la práctica, suele ser fijada la confianza requerida (son habituales los niveles 0.9, 0.95 y 0.99) y con posterioridad se elige el intervalo con esa confianza que tenga el menor error de estimación.

A continuación, se proponen intervalos de confianza para las características poblacionales más relevantes y bajo las condiciones más habituales, que incluyen que la muestra sea aleatoria simple.

El procedimiento de obtención de los intervalos de estimación es el mismo para todos ellos. Están basados en una transformación sencilla de un buen estimador que involucre a aquello que pretendemos estimar y que tenga una distribución de probabilidad conocida.

- Estimación de la media de una población Normal

La media muestral es un buen estimador de la media poblacional y en el caso de que la distribución poblacional sea $N(\mu, \sigma^2)$, es conocido del tema anterior que $\overline{X} \sim N\left(\mu, \frac{\sigma^2}{n}\right)$. Una sencilla transformación suya que involucra a $\mu$ y con distribución de probabilidad conocida es $Z = \frac{\overline{X}-\mu}{\sigma/\sqrt{n}} \sim N(0,1)$.

Definido $z_{\alpha/2}$ como el valor tal que $p(Z \geq z_{\alpha/2}) = \frac{\alpha}{2}$ con $Z \sim N(0,1)$, se tiene que $p(-z_{\alpha/2} \leq Z \leq z_{\alpha/2}) = 1 - \alpha$.

En nuestro caso, $p\left(-z_{\alpha/2} \leq \frac{\overline{X}-\mu}{\sigma/\sqrt{n}} \leq z_{\alpha/2}\right) = 1 - \alpha$ resultado equivalente a $p\left(-z_{\alpha/2}\frac{\sigma}{\sqrt{n}} \leq \overline{X} - \mu \leq z_{\alpha/2}\frac{\sigma}{\sqrt{n}}\right) = p\left(\overline{X} - z_{\alpha/2}\frac{\sigma}{\sqrt{n}} \leq \mu \leq \overline{X} + z_{\alpha/2}\frac{\sigma}{\sqrt{n}}\right) = 1-\alpha$, luego $\left[\overline{X} - z_{\alpha/2}\frac{\sigma}{\sqrt{n}}, \overline{X} + z_{\alpha/2}\frac{\sigma}{\sqrt{n}}\right]$ contiene a $\mu$ con una probabilidad $1 - \alpha$.

Particularizando para una muestra aleatoria simple $(x_1, \ldots, x_n)$ concreta, $\left[\overline{x} - z_{\alpha/2}\frac{\sigma}{\sqrt{n}}, \overline{x} + z_{\alpha/2}\frac{\sigma}{\sqrt{n}}\right]$ es el intervalo de confianza $1 - \alpha$ para la media $\mu$ de una población Normal.

Evidentemente, este intervalo resulta operativo cuando la varianza poblacional $\sigma^2$ es conocida, circunstancia que no suele ocurrir en la práctica más habitual.

No obstante, como $\frac{\overline{X}-\mu}{\sigma/\sqrt{n}} \sim N(0,1)$, $\frac{nS^2}{\sigma^2} \sim \chi^2_{n-1}$ y ambas son independientes, entonces $\sqrt{n-1}\,\frac{\overline{X}-\mu}{S} \sim t_{n-1}$, de donde razonando de un modo completamente análogo al anterior se obtiene que $\left[\overline{x} - t_{n-1,\frac{\alpha}{2}}\frac{s}{\sqrt{n-1}}, \overline{x} + t_{n-1,\frac{\alpha}{2}}\frac{s}{\sqrt{n-1}}\right]$

es el intervalo de confianza $1 - \alpha$ para la media $\mu$ de una población Normal con varianza desconocida, con $t_{n-1,\frac{\alpha}{2}}$ el valor tal que $p\left(T \geq t_{n-1,\frac{\alpha}{2}}\right) = \frac{\alpha}{2}$ para $T \sim t_{n-1}$.

Este intervalo basado en la distribución t de Student también puede ser considerado una solución matemáticamente válida para el caso de conocer la varianza poblacional, no obstante su error de estimación resulta mayor que el del intervalo basado en la distribución de probabilidad Normal por lo que deviene en inadmisible.

- Estimación de la media de una población con muestras grandes

Si el tamaño de la muestra aleatoria simple es suficientemente grande entonces no es necesaria la Normalidad para la distribución poblacional ya que es de aplicación el teorema central del límite enunciado en el primer capítulo y se tiene la distribución de probabilidad aproximadamente Normal para la media muestral.

Por consiguiente, el intervalo de confianza basado en la Normal obtenido anteriormente de un modo exacto es perfectamente válido como intervalo de confianza aproximada.

Es decir, si $n$ es grande $\left[\overline{x} - z_{\alpha/2}\,\frac{\sigma}{\sqrt{n}}, \overline{x} + z_{\alpha/2}\,\frac{\sigma}{\sqrt{n}}\right]$ es el intervalo de confianza aproximada $1 - \alpha$ para la media $\mu$ de una población con distribución de probabilidad cualquiera.

Además, en este caso resulta irrelevante el desconocimiento de la varianza poblacional pues al ser el tamaño muestral elevado puede ser aproximada mediante la varianza muestral $s^2$.

Conviene tener presente que en el caso de muestras grandes y varianza poblacional desconocida la obtención del intervalo de confianza para la media de la población pasa por una doble aproximación, la de la distribución de la media muestral a una Normal y la de la varianza poblacional por la muestral. La aproximación será tanto mejor cuanto mayor sea el tamaño muestral y más parecida sea la propia distribución de probabilidad poblacional a la Normal.

En el caso de población Normal, varianza desconocida y muestra grande, ambos intervalos, t de Student y Normal, son prácticamente coincidentes.

---

**POR EJEMPLO:**

*supóngase que se desea estimar la media de una población $N\left(\mu, \sigma^2\right)$ a partir de una muestra aleatoria simple $(x_1, \ldots, x_{100})$ de la que se conoce que $\overline{x} = 20$ y $s = 10$. Para una confianza $1 - \alpha = 0.95$, el correspondiente cuantil de interés es $z_{0.025} = 1.96$ y el intervalo de confianza $0.95$ para la media $\mu$ resulta $\left[\overline{x} - z_{\alpha/2} \frac{\sigma}{\sqrt{n}}, \overline{x} + z_{\alpha/2} \frac{\sigma}{\sqrt{n}}\right] \simeq \left[20 - 1.96 \frac{10}{10}, 20 + 1.96 \frac{10}{10}\right] = [18.04, 21.96]$, donde se ha aproximado la desviación típica poblacional desconocida $\sigma$ por la muestral $s$.*

*El mismo intervalo se obtendría de forma aproximada si se desconoce la distribución de probabilidad de la población dado que la muestra es de tamaño elevado.*

*Si para la misma población Normal se dispusiera de una muestra de tamaño reducido $n = 10$ para la que también $\overline{x} = 20$ y $s = 10$, entonces el intervalo de confianza $0.95$, basado en la distribución t de Student, resultaría $\left[\overline{x} - t_{n-1, \frac{\alpha}{2}} \frac{s}{\sqrt{n-1}}, \overline{x} + t_{n-1, \frac{\alpha}{2}} \frac{s}{\sqrt{n-1}}\right]$, y sustituyendo $\left[20 - 2.262 \frac{10}{3}, 20 + 2.262 \frac{10}{3}\right] = [12.46, 27.54]$, con $t_{9, 0.025} = 2.262$.*

■ Estimación de una proporción con muestras grandes

Para la estimación del parámetro de una distribución $Br(\theta)$ con muestras grandes se sigue un razonamiento muy similar al desarrollado con anterioridad, ya que la proporción $\theta$ es al fin y al cabo la media de la población dicotómica.

Como la desviación típica de una población Bernouilli es $\sigma = \sqrt{\theta(1-\theta)}$ se tiene que el intervalo $\left[\overline{x} - z_{\alpha/2}\sqrt{\frac{\theta(1-\theta)}{n}}, \overline{x} + z_{\alpha/2}\sqrt{\frac{\theta(1-\theta)}{n}}\right]$ ofrece una confianza aproximada $1-\alpha$ de contener a la proporción poblacional $\theta$. No obstante, dada su dependencia de $\theta$ no resulta operativo. Para obviar este problema, y dado que la muestra es de tamaño elevado, estimamos la desviación típica poblacional desconocida mediante la desviación típica muestral, $s = \sqrt{\overline{x}(1-\overline{x})}$, obteniendo el intervalo $\left[\overline{x} - z_{\alpha/2}\sqrt{\frac{\overline{x}(1-\overline{x})}{n}}, \overline{x} + z_{\alpha/2}\sqrt{\frac{\overline{x}(1-\overline{x})}{n}}\right]$, con $z_{\alpha/2}$ el correspondiente cuantil de la Normal.

---

**POR EJEMPLO:**

*supóngase que se desea estimar una proporción poblacional a partir de la información proveniente de una muestra aleatoria simple de tamaño $n = 50$ con proporción muestral $\overline{x} = 0.23$, entonces el intervalo de confianza $1 - \alpha = 0.9$ es igual a $\left[\overline{x} - z_{\alpha/2}\sqrt{\frac{\overline{x}(1-\overline{x})}{n}}, \overline{x} + z_{\alpha/2}\sqrt{\frac{\overline{x}(1-\overline{x})}{n}}\right]$. Y sustituyendo,*

*$\left[0.23 - 1.645\sqrt{\frac{(0.23)(1-0.23)}{50}}, 0.23 + 1.645\sqrt{\frac{(0.23)(1-0.23)}{50}}\right] =$
$[0.1321, 0.3279]$, donde $z_{0.05} = 1.645$.*

- Estimación de la varianza de una población Normal

En el caso de que la distribución poblacional sea $N(\mu, \sigma^2)$, es conocido del tema anterior que $\frac{nS^2}{\sigma^2} \sim \chi^2_{n-1}$, la transformación aleatoria requerida con distribución conocida. Definidos los cuantiles de dicha distribución, $\chi^2_{n-1,1-\frac{\alpha}{2}}$ y $\chi^2_{n-1,\frac{\alpha}{2}}$, acumulando a su derecha probabilidades respectivas $1 - \frac{\alpha}{2}$ y $\frac{\alpha}{2}$, se obtiene que $p\left(\chi^2_{n-1,1-\frac{\alpha}{2}} \leq \frac{nS^2}{\sigma^2} \leq \chi^2_{n-1,\frac{\alpha}{2}}\right) = 1-\alpha$ y a partir de aquí el intervalo de confianza $1 - \alpha$ para $\sigma^2$, $\left[\frac{ns^2}{\chi^2_{n-1,\frac{\alpha}{2}}}, \frac{ns^2}{\chi^2_{n-1,1-\frac{\alpha}{2}}}\right]$.

Este es el intervalo para el habitual caso de media poblacional desconocida. Si se conoce $\mu$ entonces el intervalo de confianza $1 - \alpha$ para la varianza $\sigma^2$ es $\left[\frac{\sum_{i=1}^{n}(x_i-\mu)^2}{\chi^2_{n,\frac{\alpha}{2}}}, \frac{\sum_{i=1}^{n}(x_i-\mu)^2}{\chi^2_{n,1-\frac{\alpha}{2}}}\right]$.

---

**POR EJEMPLO:**

*supóngase que se desea estimar la varianza de una población $N\left(\mu, \sigma^2\right)$ utilizando la información proveniente de una muestra aleatoria simple $(x_1, \ldots, x_{20})$ para la que $s^2 = 25$. El intervalo de confianza $1 - \alpha = 0.99$ para la varianza $\sigma^2$ es*

$$\left[\frac{ns^2}{\chi^2_{n-1,\frac{\alpha}{2}}}, \frac{ns^2}{\chi^2_{n-1,1-\frac{\alpha}{2}}}\right] = \left[\frac{(20)(25)}{38.58}, \frac{(20)(25)}{6.844}\right] = [12.9601, 73.0567],$$

*donde $\chi^2_{19,0.005} = 38.58$ y $\chi^2_{19,0.995} = 6.844$.*

---

- Estimación de la diferencia de las medias de dos poblaciones

Considérense dos poblaciones independientes representadas por las variables aleatorias $X_1 \sim N(\mu_1, \sigma_1^2)$ y $X_2 \sim N(\mu_2, \sigma_2^2)$, así como sendas muestras aleatorias simples obtenidas a partir de ellas de tamaños y medias respectivos, $n_1, \overline{x}_1$ y $n_2, \overline{x}_2$.

Dado que la combinación lineal de variables aleatorias Normales también sigue una distribución de probabilidad Normal, es inmediato comprobar que $\overline{X}_1 - \overline{X}_2 \sim N\left(\mu_1 - \mu_2, \frac{\sigma_1^2}{n_1} + \frac{\sigma_2^2}{n_2}\right)$.

En este caso, el intervalo de confianza $1 - \alpha$ para la diferencia de medias $\mu_1 - \mu_2$ resulta $\left[(\overline{x}_1 - \overline{x}_2) - z_{\alpha/2}\sqrt{\frac{\sigma_1^2}{n_1} + \frac{\sigma_2^2}{n_2}}, (\overline{x}_1 - \overline{x}_2) + z_{\alpha/2}\sqrt{\frac{\sigma_1^2}{n_1} + \frac{\sigma_2^2}{n_2}}\right]$, donde $z_{\alpha/2}$ es el cuantil de la Normal que acumula a su derecha una probabilidad $\alpha/2$.

Como anteriormente, este intervalo resulta inútil cuando se desconoce alguna de las varianzas poblacionales. No obstante, cualquiera de ellas puede ser estimada mediante la correspondiente varianza muestral si el tamaño muestral es suficientemente grande. De hecho, en el caso de muestras grandes no se precisa Normalidad y se obtiene el anterior intervalo con una confianza aproximada.

Incluso en el caso de varianzas poblacionales desconocidas pero iguales es factible la obtención de un intervalo de estimación cuyos extremos no resulten dependientes de $\sigma_1^2$ y $\sigma_2^2$. Razonando de una forma similar al caso de una población se tiene que $\left[(\overline{x}_1 - \overline{x}_2) - t_{n_1+n_2-2,\frac{\alpha}{2}}\sqrt{\frac{n_1 s_1^2 + n_2 s_2^2}{n_1+n_2-2}\left(\frac{1}{n_1} + \frac{1}{n_2}\right)},\right.$

$\left.(\overline{x}_1 - \overline{x}_2) + t_{n_1+n_2-2,\frac{\alpha}{2}}\sqrt{\frac{n_1 s_1^2 + n_2 s_2^2}{n_1+n_2-2}\left(\frac{1}{n_1} + \frac{1}{n_2}\right)}\right]$ es el intervalo de confianza $1-\alpha$ para la diferencia de medias de poblaciones Normales con varianzas iguales y desconocidas, con $s_1^2$, $s_2^2$, las respectivas varianzas muestrales y $t_{n_1+n_2-2,\frac{\alpha}{2}}$, el valor tal que $p\left(T \geq t_{n_1+n_2-2,\frac{\alpha}{2}}\right) = \frac{\alpha}{2}$ para $T \sim t_{n_1+n_2-2}$.

De un modo totalmente análogo al ya comentado para el caso de una población, también se cumple la coincidencia en la práctica de ambos intervalos,

Normal y t de Student, en el caso de distribuciones Normales para ambas poblaciones, varianzas poblacionales desconocidas pero iguales y muestras de tamaños elevados.

---

**POR EJEMPLO:**

*supóngase que se desea estimar la diferencia $\mu_1 - \mu_2$ entre las medias de dos poblaciones $X_1 \sim N\left(\mu_1, \sigma_1^2\right)$ y $X_2 \sim N\left(\mu_2, \sigma_2^2\right)$, independientes, utilizando para ello sendas muestras aleatorias simples, $(x_{11}, \ldots, x_{1n_1})$ y $(x_{21}, \ldots, x_{2n_2})$, para las cuales $n_1 = 100$, $\overline{x}_1 = 20$, $s_1^2 = 10$, $n_2 = 200$, $\overline{x}_2 = 10$ y $s_2^2 = 50$. El intervalo de confianza $1 - \alpha = 0.95$ para la diferencia $\mu_1 - \mu_2$ resulta* $\left[(\overline{x}_1 - \overline{x}_2) - z_{\alpha/2}\sqrt{\frac{\sigma_1^2}{n_1} + \frac{\sigma_2^2}{n_2}}, (\overline{x}_1 - \overline{x}_2) + z_{\alpha/2}\sqrt{\frac{\sigma_1^2}{n_1} + \frac{\sigma_2^2}{n_2}}\right] \simeq$
$\left[(20 - 10) - 1.96\sqrt{\frac{10}{100} + \frac{50}{200}}, (20 - 10) + 1.96\sqrt{\frac{10}{100} + \frac{50}{200}}\right] =$
$[8.8404, 11.1596]$, *donde se han aproximado las varianzas poblacionales desconocidas por las muestrales y* $z_{0.025} = 1.96$.
*El mismo intervalo se obtendría de forma aproximada si se desconocen las distribuciones de probabilidad de ambas poblaciones dado que ambas muestras son de tamaño elevado.*

---

▪ Estimación de la diferencia de dos proporciones con muestras grandes

La obtención del intervalo de estimación para la diferencia de dos proporciones resulta inmediato combinando los procedimientos seguidos para el cálculo del intervalo de confianza para una proporción y el del caso anterior. Considérense dos poblaciones independientes representadas por las variables aleatorias $X_1 \sim Br(\theta_1)$ y $X_2 \sim Br(\theta_2)$, así como las respectivas muestras aleatorias simples obtenidas a partir de ellas de tamaños elevados $n_1$ y $n_2$.

El intervalo de confianza aproximada $1 - \alpha$ para la diferencia $\theta_1 - \theta_2$ resulta

$$\left[ (\overline{x}_1 - \overline{x}_2) - z_{\alpha/2} \sqrt{\frac{\overline{x}_1(1-\overline{x}_1)}{n_1} + \frac{\overline{x}_2(1-\overline{x}_2)}{n_2}}, (\overline{x}_1 - \overline{x}_2) + z_{\alpha/2} \sqrt{\frac{\overline{x}_1(1-\overline{x}_1)}{n_1} + \frac{\overline{x}_2(1-\overline{x}_2)}{n_2}} \right],$$

donde $\overline{x}_1$ y $\overline{x}_2$ son las respectivas medias muestrales.

**POR EJEMPLO:**

*supóngase que se desea estimar la diferencia $\theta_1 - \theta_2$ entre las proporciones de dos poblaciones Bernouilli independientes $X_1 \sim Br(\theta_1)$ y $X_2 \sim Br(\theta_2)$, utilizando para ello sendas muestras aleatorias simples, $(x_{11}, \ldots, x_{1n_1})$ y $(x_{21}, \ldots, x_{2n_2})$, para las cuales $n_1 = 150$, $\overline{x}_1 = 0.5$, $n_2 = 80$ y $\overline{x}_2 = 0.2$. Para una confianza $1 - \alpha = 0.9$, $z_{0.05} = 1.645$, la diferencia de proporciones muestrales es $\overline{x}_1 - \overline{x}_2 = 0.5 - 0.2 = 0.3$ y las varianzas de las respectivas medias muestrales, $\frac{\overline{x}_1(1-\overline{x}_1)}{n_1} = \frac{(0.5)(0.5)}{150} = 0.001\hat{6}$ y $\frac{\overline{x}_2(1-\overline{x}_2)}{n_2} = \frac{(0.2)(0.8)}{80} = 0.002$. Luego, el intervalo de confianza aproximada 0.9 para $\theta_1 - \theta_2$ es $\left[ 0.3 - 1.645 \sqrt{0.001\hat{6} + 0.002}, \, 0.3 + 1.645 \sqrt{0.001\hat{6} + 0.002} \right] = [0.2004, 0.3996].$*

En los intervalos de confianza para medias o proporciones resulta habitual expresar el error de estimación cometido como el radio del intervalo, en lugar de su amplitud, dado que son simétricos respecto a una buena estimación de la característica poblacional de interés. Por ejemplo, en el caso de la media de una población Normal con varianza conocida, frecuentemente decimos que su estimación es la media muestral $\overline{x}$ con un error $z_{\alpha/2} \frac{\sigma}{\sqrt{n}}$ y una confianza $1 - \alpha$.

## 3.4.  Determinación del tamaño muestral

Una vez planteado el problema inferencial a resolver, el investigador precisa seleccionar una muestra para llevar a cabo sus objetivos. Una de sus primeras cuestiones es cuántos elementos muestrales necesita para alcanzar un nivel de precisión requerido.

En este punto se va a dar solución a ese problema suponiendo que la muestra a obtener $(x_1, \ldots, x_n)$ es aleatoria simple y que se desea estimar una media o una proporción.

- Determinación del tamaño muestral para la estimación de la media

Es conocido que si la distribución poblacional es $N(\mu, \sigma^2)$, el error de estimación es $z_{\alpha/2} \frac{\sigma}{\sqrt{n}}$ para una confianza $1 - \alpha$, donde $z_{\alpha/2}$ es el cuantil de orden $\alpha/2$ de la distribución Normal estándar.

Entonces, si se desea cometer un error máximo de estimación $\epsilon$ con una confianza prefijada $1 - \alpha$, ha de cumplirse que $\epsilon = z_{\alpha/2} \frac{\sigma}{\sqrt{n}}$, de donde el tamaño muestral mínimo ha de ser $n = z_{\alpha/2}^2 \frac{\sigma^2}{\epsilon^2}$.

Si como resulta habitual, la varianza poblacional $\sigma^2$ es desconocida entonces debe ser aproximada. El problema es que no se dispone de datos para su estimación. Precisamente lo que pretendemos es determinar el tamaño muestral adecuado para proceder a tomar una muestra aleatoria simple con la que realizar el proceso inferencial.

En este caso se procede a realizar una primera aproximación a la varianza poblacional desconocida basada en cualquier conocimiento previo de la misma. Puede ser proveniente de algún estudio similar, de la realización de una muestra piloto de tamaño reducido de la población a estudio, etcétera.

Si el tamaño muestral finalmente obtenido es grande entonces puede relajarse la condición de Normalidad para la población.

---

**POR EJEMPLO:**

*supóngase que se desea determinar el tamaño muestral necesario para la estimación de la media de una población $N\left(\mu, \sigma^2\right)$ con un error máximo de estimación $\epsilon = 2$ y una confianza $1 - \alpha = 0.95$. Si se conoce de un estudio similar una primera aproximación a la varianza poblacional desconocida $\hat{\sigma}^2 = 100$, entonces $n = z_{\alpha/2}^2 \frac{\sigma^2}{\epsilon^2} \simeq (1.96)^2 \frac{100}{2^2} = 96.04$, donde $z_{0.025} = 1.96$, y el tamaño requerido es $n = 97$.*

---

- Determinación del tamaño muestral para la estimación de la proporción

Si la población es dicotómica, $X \sim Br(\theta)$, entonces el error de estimación aproximado es $z_{\alpha/2} \sqrt{\frac{\theta(1-\theta)}{n}}$, para una confianza $1 - \alpha$ y $z_{\alpha/2}$ el cuantil de orden $\alpha/2$ de la distribución Normal estándar. Para la obtención de este resultado se precisa que la muestra sea necesariamente grande.

Razonando de un modo análogo al anterior, se determina el tamaño muestral mínimo como $n = z_{\alpha/2}^2 \frac{\theta(1-\theta)}{\epsilon^2}$, donde $\epsilon$ es el error máximo de estimación que se desea cometer.

Ahora la varianza poblacional $\theta(1 - \theta)$ es seguro desconocida y se suele sustituir por una cota superior suya. De esta manera se garantiza el nivel de precisión prefijado obteniendo un tamaño muestral mayor que el estrictamente necesario.

El máximo de la función $\theta(1-\theta)$ se alcanza en $\theta = 0.5$ y vale $0.25$, de modo que el tamaño muestral resulta $n = z_{\alpha/2}^2 \frac{0.25}{\epsilon^2}$.

---

**POR EJEMPLO:**

*supóngase que se desea determinar el tamaño muestral necesario para la estimación de la proporción de una población $Br(\theta)$ con un error máximo de estimación $\epsilon = 0.15$ y una confianza $1 - \alpha = 0.9$. En este caso, $n = z_{\alpha/2}^2 \frac{0.25}{\epsilon^2} = (1.645)^2 \frac{0.25}{(0.15)^2} = 30.0669$, donde $z_{0.05} = 1.645$, y el tamaño requerido es $n = 31$.*

---

## Tabla resumen de intervalos de confianza

| PARÁMETRO | MODELO | TAMAÑO | ESTADÍSTICOS | TABLAS |
|---|---|---|---|---|
| $\mu$ | $N(\mu, \sigma^2)$ $\sigma^2$ conocida | cualquiera | $\overline{x}$ | Normal |
| | $\left[ \overline{x} - z_{\alpha/2} \frac{\sigma}{\sqrt{n}}, \overline{x} + z_{\alpha/2} \frac{\sigma}{\sqrt{n}} \right]$ | | | |
| $\mu$ | cualquiera $\sigma^2$ desconocida | grande | $\overline{x}, s$ | Normal |
| | $\left[ \overline{x} - z_{\alpha/2} \frac{s}{\sqrt{n}}, \overline{x} + z_{\alpha/2} \frac{s}{\sqrt{n}} \right]$ | | | |
| $\mu$ | $N(\mu, \sigma^2)$ $\sigma^2$ desconocida | cualquiera | $\overline{x}, s$ | t de Student |
| | $\left[ \overline{x} - t_{n-1,\alpha/2} \frac{s}{\sqrt{n-1}}, \overline{x} + t_{n-1,\alpha/2} \frac{s}{\sqrt{n-1}} \right]$ | | | |
| $\theta$ | $Br(\theta)$ | grande | $\overline{x}$ | Normal |
| | $\left[ \overline{x} - z_{\alpha/2} \sqrt{\frac{\overline{x}(1-\overline{x})}{n}}, \overline{x} + z_{\alpha/2} \sqrt{\frac{\overline{x}(1-\overline{x})}{n}} \right]$ | | | |
| $\sigma^2$ | $N(\mu, \sigma^2)$ $\mu$ desconocida | cualquiera | $s^2$ | Chi-cuadrado |
| | $\left[ \frac{ns^2}{\chi^2_{n-1,\frac{\alpha}{2}}}, \frac{ns^2}{\chi^2_{n-1,1-\frac{\alpha}{2}}} \right]$ | | | |
| $\sigma^2$ | $N(\mu, \sigma^2)$ $\mu$ conocida | cualquiera | $\sum_{i=1}^{n}(x_i - \mu)^2$ | Chi-cuadrado |
| | $\left[ \frac{\sum_{i=1}^{n}(x_i-\mu)^2}{\chi^2_{n,\frac{\alpha}{2}}}, \frac{\sum_{i=1}^{n}(x_i-\mu)^2}{\chi^2_{n,1-\frac{\alpha}{2}}} \right]$ | | | |
| $\mu_1 - \mu_2$ | $N(\mu_1, \sigma_1^2), N(\mu_2, \sigma_2^2)$ $\sigma_1^2, \sigma_2^2$ conocidas | cualesquiera | $\overline{x}_1, \overline{x}_2$ | Normal |
| | $\left[ (\overline{x}_1 - \overline{x}_2) - z_{\alpha/2} \sqrt{\frac{\sigma_1^2}{n_1} + \frac{\sigma_2^2}{n_2}}, (\overline{x}_1 - \overline{x}_2) + z_{\alpha/2} \sqrt{\frac{\sigma_1^2}{n_1} + \frac{\sigma_2^2}{n_2}} \right]$ | | | |
| $\mu_1 - \mu_2$ | cualesquiera $\sigma_1^2, \sigma_2^2$ desconocidas | grandes | $\overline{x}_1, \overline{x}_2, s_1^2, s_2^2$ | Normal |
| | $\left[ (\overline{x}_1 - \overline{x}_2) - z_{\alpha/2} \sqrt{\frac{s_1^2}{n_1} + \frac{s_2^2}{n_2}}, (\overline{x}_1 - \overline{x}_2) + z_{\alpha/2} \sqrt{\frac{s_1^2}{n_1} + \frac{s_2^2}{n_2}} \right]$ | | | |
| $\mu_1 - \mu_2$ | $N(\mu_1, \sigma_1^2), N(\mu_2, \sigma_2^2)$ $\sigma_1^2 = \sigma_2^2$ desconocidas | cualesquiera | $\overline{x}_1, \overline{x}_2, s_1^2, s_2^2$ | t de Student |
| | $\left[ (\overline{x}_1 - \overline{x}_2) - t_{n_1+n_2-2,\frac{\alpha}{2}} \sqrt{\frac{(n_1 s_1^2 + n_2 s_2^2)(n_1+n_2)}{(n_1+n_2-2)n_1 n_2}}, (\overline{x}_1 - \overline{x}_2) + t_{n_1+n_2-2,\frac{\alpha}{2}} \sqrt{\frac{(n_1 s_1^2 + n_2 s_2^2)(n_1+n_2)}{(n_1+n_2-2)n_1 n_2}} \right]$ | | | |

| PARÁMETRO | MODELO | TAMAÑO | ESTADÍSTICOS | TABLAS |
|---|---|---|---|---|
| $\theta_1 - \theta_2$ | $Br(\theta_1), Br(\theta_2)$ | grandes | $\overline{x}_1, \overline{x}_2$ | Normal |

$$\left[ (\overline{x}_1 - \overline{x}_2) - z_{\alpha/2} \sqrt{\frac{\overline{x}_1(1-\overline{x}_1)}{n_1} + \frac{\overline{x}_2(1-\overline{x}_2)}{n_2}}, (\overline{x}_1 - \overline{x}_2) + z_{\alpha/2} \sqrt{\frac{\overline{x}_1(1-\overline{x}_1)}{n_1} + \frac{\overline{x}_2(1-\overline{x}_2)}{n_2}} \right]$$

# Tema 4

# Contrastes de hipótesis paramétricas

El segundo de los problemas inferenciales que va a ser resuelto en este curso es el de la contrastación de hipótesis. El investigador se plantea una hipótesis acerca de la población y utilizando la información muestral decide si es coherente o no con dichos datos.

En este capítulo resolveremos problemas de *contrastes de hipótesis paramétricas*, formulados para los parámetros de la distribución de probabilidad poblacional.

## 4.1. Planteamiento general de la contrastación de hipótesis estadísticas

Considérese una población representada por una variable aleatoria $X$ con distribución de probabilidad $F(x; \theta)$, $\theta \in \Omega$, espacio paramétrico.

La hipótesis de interés para el investigador recibe el nombre de *hipótesis nula* y establece la pertenencia del parámetro $\theta$ a un cierto subconjunto de $\Omega$, $H_0 : \theta \in \Omega_0$.

La *hipótesis alternativa* queda entonces definida implícitamente como aquella que establece la pertenencia del parámetro al conjunto complementario de $\Omega_0$, $H_1 : \theta \in \Omega_1 = \Omega - \Omega_0$.

---

**POR EJEMPLO:**

*supóngase que se desea comprobar la validez de la afirmación de que los alumnos matriculados en Estadística II del grado de Administración y Dirección de Empresas obtienen mejor calificación media que los de Estadística Básica del mismo grado. Denotando por $\mu_2$ y $\mu_1$ a las respectivas medias, el contraste a resolver sería $H_0 : \mu_2 \geq \mu_1$ frente a $H_1 : \mu_2 < \mu_1$.*

---

Obtenida una muestra $(x_1, \ldots, x_n)$ de la población, el investigador ha de decidir si la hipótesis nula planteada es coherente o no con la información proporcionada por los datos. Es decir, debe tomar una decisión acerca de la *aceptación* o *rechazo* de la hipótesis nula.

Evidentemente, cualquier decisión sobre la hipótesis nula conlleva la decisión contraria para la alternativa. Aceptar la hipótesis nula equivale a rechazar la alternativa y viceversa. Habitualmente, se expresa la decisión referida únicamente a la hipótesis nula.

Debe tenerse siempre presente el carácter inferencial de la decisión. Análogamente a lo comentado en el capítulo de estimación, la decisión ha de estar matizada por su fiabilidad. El que un investigador rechace la hipótesis nula no quiere decir que ésta sea falsa, sino que no es coherente con los datos muestrales obtenidos. La veracidad o falsedad absoluta de la hipótesis nula será inalcanzable toda vez que se trata de una realidad desconocida.

La *región crítica* o *región de rechazo* es un subconjunto $C$ del espacio muestral, de forma que la observancia de una muestra en ella implica el rechazo de la hipótesis nula. Su complementario recibe el nombre de *región de aceptación*.

Se define el *test* o *regla de decisión* como una condición sobre los datos, de modo que si $(x_1, \ldots, x_n) \in C \Rightarrow$ rechazar $H_0$ y si $(x_1, \ldots, x_n) \notin C \Rightarrow$ aceptar $H_0$.

Como ya se ha comentado con anterioridad, la decisión no está exenta de error. Dos son los tipos de errores que puede cometer el investigador, el *error de tipo I*, cuando rechaza $H_0$ dado que es cierta y el *error de tipo II*, cuando acepta $H_0$ dado que es falsa. Si se acepta la hipótesis nula siendo cierta o se rechaza siendo falsa, entonces no se comete error alguno.

Obviamente, al ser la realidad desconocida no podemos saber si estamos cometiendo error alguno por lo que lo razonable es minimizar las probabilidades de cometer ambos errores.

Se define el *riesgo de tipo I* como $R_1 = p(\text{error tipo I})$ y el *riesgo de tipo II* como $R_2 = p(\text{error tipo II})$.

Planteado el contraste de hipótesis

$$H_0 \quad : \quad \theta \in \Omega_0$$
$$H_1 \quad : \quad \theta \in \Omega_1,$$

es habitual que ambos subespacios paramétricos tengan cardinal mayor que uno y por tanto que los dos riesgos resulten funciones del parámetro $\theta$,

$$R_1(\theta) \;=\; p(\text{rechazar } H_0 \mid H_0 \text{ cierta}) = p((X_1, \ldots, X_n) \in C \mid \theta \in \Omega_0)$$
$$R_2(\theta) \;=\; p(\text{aceptar } H_0 \mid H_0 \text{ falsa}) = p((X_1, \ldots, X_n) \notin C \mid \theta \in \Omega_1).$$

En la mayoría de los contrastes la minimización conjunta de los dos riesgos resulta muy compleja si no imposible. Por ello, lo habitual es fijar una cota superior para el riesgo de tipo I y después minimizar el riesgo de tipo II.

Ello equivale a exigir que la probabilidad de error al rechazar la hipótesis nula dado que es cierta sea inferior a una cierta cantidad prefijada $0 < \alpha < 1$, que recibe el nombre de *nivel de significación*, y posteriormente elegir el test que cumpliendo que su riesgo de tipo I es menor que $\alpha$, tiene menor riesgo de tipo II. Niveles de significación habituales son $0.01, 0.05$ y $0.1$.

Tal exigencia sobre el riesgo de tipo I es porque se le confiere una mayor importancia a dicho error que al error de tipo II. El investigador otorga una mayor gravedad a equivocarse rechazando la hipótesis nula cuando es cierta que no aceptándola cuando es falsa. Es por ello que generalmente se establece como hipótesis nula aquella que se piensa inicialmente que es cierta y que, en todo caso, sean los datos los que convenzan de lo contrario.

No obstante, la mayoría de los test que se van a proponer a continuación proporcionan un riesgo de tipo II tan pequeño como se desee sin más que aumentar el tamaño muestral.

También es habitual en la práctica proporcionar la decisión en función del llamado *nivel de significación crítico*, $\alpha_0$, aquél hasta el cual se acepta la hipótesis nula y a partir del cual se rechaza. Consecuentemente, el también denominado *p valor* es el menor nivel de significación para el que los datos no resultan coherentes con la hipótesis nula.

Valores grandes de $\alpha_0$ motivan una decisión en el sentido de aceptar la hipótesis nula y valores pequeños, la decisión contraria. Si $\alpha_0$ está en el entorno de los niveles de significación habituales entonces puede resultar tan coherente aceptar la hipótesis nula como rechazarla. Puede ocurrir perfectamente que un investigador acepte la hipótesis nula para un determinado nivel de significación habitual y otro investigador la rechace para otro nivel también habitual. Cuanto más extremo sea el p valor más clara es la decisión a adoptar.

## 4.2. Contrastes de hipótesis unilaterales

Un *contraste de hipótesis unilateral* o *de una cola* define sus hipótesis estableciendo la pertenencia del parámetro a un lado de una cierta cantidad,

$$H_0 \; : \; \theta \leq \theta_0$$
$$H_1 \; : \; \theta > \theta_0.$$

Al igual que en los intervalos de confianza, en este punto se proponen los tests que resuelven contrastes de hipótesis unilaterales para las características poblacionales más relevantes y bajo las condiciones más habituales, que incluyen que la muestra $(x_1, \ldots, x_n)$ sea aleatoria simple. A todos ellos se les exige un nivel de significación $0 < \alpha < 1$.

Estos tests están basados en el llamado *estadístico de contraste*, un estimador de la característica poblacional que se pretende contrastar, y en una región crítica determinada por una constante $k$ de modo que se rechaza la hipótesis nula si el estadístico de contraste está a un lado de la constante $k$ y se acepta si queda al otro lado.

- Contraste unilateral para la media de una población Normal

Considérese que la distribución poblacional es $N(\mu, \sigma^2)$ y el contraste de hipótesis unilateral a resolver

$$H_0 \quad : \quad \mu \leq \mu_0$$
$$H_1 \quad : \quad \mu > \mu_0.$$

Se propone un test razonable que rechaza la hipótesis nula cuando un buen estimador de $\mu$, la media muestral $\overline{X}$, sea mayor o igual que una cierta constante $k$ convenientemente elegida, es decir, prefijado el nivel de significación $\alpha$, cabe elegir $k \in \mathbb{R}$ tal que $R_1(\mu) = p\left(\overline{X} \geq k \mid \mu \leq \mu_0\right) \leq \alpha \ \forall \mu \leq \mu_0$.

O lo que es lo mismo

$$p\left(\overline{X} \geq k \mid \mu \leq \mu_0\right) = p\left(Z \geq \frac{k - \mu}{\sigma/\sqrt{n}} \mid \mu \leq \mu_0\right) \leq \alpha \ \forall \mu \leq \mu_0,$$

con $Z = \frac{\overline{X} - \mu}{\sigma/\sqrt{n}} \sim N(0, 1)$.

$$p\left(Z \geq \frac{k - \mu}{\sigma/\sqrt{n}} \mid \mu \leq \mu_0\right) \leq p\left(Z \geq \frac{k - \mu_0}{\sigma/\sqrt{n}}\right) \ \forall \mu \leq \mu_0,$$

pues el riesgo de tipo I es tanto mayor cuanto más pequeño es el cuantil $\frac{k - \mu}{\sigma/\sqrt{n}}$, esto es, cuanto mayor es $\mu$, y el máximo de $\mu$ en $\{\mu \in \mathbb{R} \text{ t.q. } \mu \leq \mu_0\}$ se alcanza en $\mu = \mu_0$.

Es decir, exigiendo que $p\left(Z \geq \frac{k - \mu_0}{\sigma/\sqrt{n}}\right) = \alpha$ queda garantizado el nivel de significación. Esto es, $\frac{k - \mu_0}{\sigma/\sqrt{n}} = z_\alpha \Rightarrow k = \mu_0 + z_\alpha \frac{\sigma}{\sqrt{n}}$, con $z_\alpha$ tal que $p(Z \geq z_\alpha) = \alpha$.

Consecuentemente, el test con un nivel de significación $\alpha$ para la resolución del contraste unilateral para la media de una población Normal es

$$\text{rechazar } H_0 \Leftrightarrow \overline{x} \geq \mu_0 + z_\alpha \, \frac{\sigma}{\sqrt{n}} \, .$$

Al igual que en el tema de estimación, este test es útil cuando $\sigma^2$ sea conocida. No es problema el desconocimiento de la varianza poblacional si el tamaño muestral es grande pues entonces puede ser aproximada por la varianza muestral. Además, en este caso no es necesaria la Normalidad para la población.

El test con un nivel de significación aproximado $\alpha$ que se propone para el contraste unilateral para la media de una población con muestras grandes es

$$\text{rechazar } H_0 \Leftrightarrow \overline{x} \geq \mu_0 + z_\alpha \, \frac{s}{\sqrt{n}} \, .$$

También es posible dar solución al problema de contrastación cuando la población es Normal con varianza desconocida. Análogamente a lo razonado con anterioridad, utilizando la distribución t de Student se obtiene el test

$$\text{rechazar } H_0 \Leftrightarrow \overline{x} \geq \mu_0 + t_{n-1,\alpha} \, \frac{s}{\sqrt{n-1}} \, .$$

El nivel de significación crítico se determina resolviendo para $\alpha$ la ecuación asociada a la inecuación del correspondiente test. Por ejemplo, para el contraste anterior, $\alpha_0$ tal que $\overline{x} = \mu_0 + t_{n-1,\alpha_0} \frac{s}{\sqrt{n-1}}$.

Si el interés se centra en resolver un contraste unilateral del tipo

$$
\begin{aligned}
H_0 &: \quad \mu \geq \mu_0 \\
H_1 &: \quad \mu < \mu_0,
\end{aligned}
$$

entonces análogamente se obtienen las respectivas regiones críticas asociadas a los diferentes tests,

$$C = \left\{ (x_1, \ldots, x_n) \text{ t.q. } \overline{x} \le \mu_0 - z_\alpha \frac{\sigma}{\sqrt{n}} \right\}$$

$$C = \left\{ (x_1, \ldots, x_n) \text{ t.q. } \overline{x} \le \mu_0 - z_\alpha \frac{s}{\sqrt{n}} \right\}$$

$$C = \left\{ (x_1, \ldots, x_n) \text{ t.q. } \overline{x} \le \mu_0 - t_{n-1,\alpha} \frac{s}{\sqrt{n-1}} \right\}.$$

**POR EJEMPLO:**

*supóngase que se desea contrastar $H_0 : \mu \le \mu_0 = 18$ frente a $H_1 : \mu > \mu_0 = 18$, donde $\mu$ es la media de una población $N\left(\mu, \sigma^2\right)$, a partir de una muestra aleatoria simple $(x_1, \ldots, x_{100})$ de la que se conoce que $\overline{x} = 20$ y $s = 10$. El test que soluciona el contraste es rechazar $H_0 \Leftrightarrow \overline{x} \ge \mu_0 + z_\alpha \frac{s}{\sqrt{n}}$, donde se ha aproximado la desviación típica poblacional desconocida $\sigma$ por la muestral $s$. Para un nivel de significación $\alpha = 0.05$, $z_{0.05} = 1.645$ y se tiene que $\overline{x} = 20 \ge 19.645 = 18 + 1.645 \frac{10}{10} = \mu_0 + z_\alpha \frac{s}{\sqrt{n}}$, luego se rechaza la hipótesis nula para $\alpha = 0.05$.*

*La misma decisión se obtendría en ausencia de Normalidad para la población dado que la muestra es de tamaño elevado.*

*Si para la misma población Normal se dispusiera de una muestra de tamaño reducido $n = 10$ para la que también $\overline{x} = 20$ y $s = 10$, entonces el test que resuelve el contraste es rechazar $H_0 \Leftrightarrow \overline{x} \ge \mu_0 + t_{n-1,\alpha} \frac{s}{\sqrt{n-1}}$. El nivel de significación crítico se obtiene resolviendo la ecuación para $\alpha$, $\overline{x} = \mu_0 + t_{n-1,\alpha_0} \frac{s}{\sqrt{n-1}}$, de donde $t_{9,\alpha_0} = (20 - 18)\frac{3}{10} = 0.6$ y $\alpha_0 = 0.2817$, es decir, se acepta $H_0$ para todos los niveles de significación habituales.*

- Contraste unilateral para una proporción con muestras grandes

El test con un nivel de significación aproximado $\alpha$ que soluciona el contraste para la proporción de una distribución $Br(\theta)$

$$
\begin{aligned}
H_0 &: \quad \theta \leq \theta_0 \\
H_1 &: \quad \theta > \theta_0,
\end{aligned}
$$

cuando la muestra es de tamaño elevado resulta muy similar al anterior,

$$
\text{rechazar } H_0 \Leftrightarrow \overline{x} \geq \theta_0 + z_\alpha \sqrt{\frac{\theta_0(1-\theta_0)}{n}} \, .
$$

Si las hipótesis son en sentido contrario, entonces el test que se propone para la resolución del correspondiente contraste es

$$
\text{rechazar } H_0 \Leftrightarrow \overline{x} \leq \theta_0 - z_\alpha \sqrt{\frac{\theta_0(1-\theta_0)}{n}} \, .
$$

**POR EJEMPLO:**

*supóngase que se desea contrastar la hipótesis nula $H_0 : \theta \geq \theta_0 = 0.2$ frente a $H_1 : \theta < \theta_0 = 0.2$, donde $\theta$ es la proporción de una población $Br(\theta)$, a partir de una muestra aleatoria simple $(x_1, \ldots, x_{50})$ para la que $\overline{x} = 0.14$. Como $\overline{x} = 0.14 > 0.1276 = 0.2 - 1.28 \sqrt{\frac{(0.2)(1-0.2)}{50}} = \theta_0 - z_\alpha \sqrt{\frac{\theta_0(1-\theta_0)}{n}}$, donde $z_{0.1} = 1.28$, se acepta la hipótesis nula para un nivel de significación $\alpha = 0.1$.*

■ Contraste unilateral para la varianza de una población Normal

Considérese que la distribución poblacional es $N(\mu, \sigma^2)$ y el contraste de hipótesis unilateral a resolver

$$
\begin{aligned}
H_0 &: \quad \sigma^2 \leq \sigma_0^2 \\
H_1 &: \quad \sigma^2 > \sigma_0^2.
\end{aligned}
$$

El test con un nivel de significación $\alpha$ que resuelve el contraste es

$$
\text{rechazar } H_0 \Leftrightarrow s^2 \geq \frac{\sigma_0^2}{n} \chi_{n-1,\alpha}^2,
$$

donde $\chi_{n-1,\alpha}^2$ es el cuantil de la distribución $\chi_{n-1}^2$ que deja a su derecha una probabilidad igual a $\alpha$.

Similarmente a lo razonado para los intervalos de confianza, si se conoce la media poblacional $\mu$ entonces el test con un nivel de significación $\alpha$ que resuelve el contraste resulta

$$
\text{rechazar } H_0 \Leftrightarrow \sum_{i=1}^{n} (x_i - \mu)^2 \geq \sigma_0^2 \, \chi_{n,\alpha}^2,
$$

con $\chi_{n,\alpha}^2$ el cuantil de la distribución $\chi_n^2$ que deja a su derecha una probabilidad igual a $\alpha$.

Si se desea resolver un contraste unilateral del tipo

$$
\begin{aligned}
H_0 &: \quad \sigma^2 \geq \sigma_0^2 \\
H_1 &: \quad \sigma^2 < \sigma_0^2,
\end{aligned}
$$

entonces las respectivas regiones críticas son

$$
\begin{aligned}
C &= \left\{ (x_1, \ldots, x_n) \text{ t.q. } s^2 \leq \frac{\sigma_0^2}{n} \chi_{n-1,1-\alpha}^2 \right\} \\
C &= \left\{ (x_1, \ldots, x_n) \text{ t.q. } \sum_{i=1}^{n} (x_i - \mu)^2 \leq \sigma_0^2 \, \chi_{n,1-\alpha}^2 \right\}.
\end{aligned}
$$

---

**POR EJEMPLO:**

*supóngase que se desea resolver el siguiente contraste para la variaza de una población $N\left(\mu = 10, \sigma^2\right)$, $H_0 : \sigma^2 \geq \sigma_0^2 = 20$ frente a $H_1 : \sigma^2 < \sigma_0^2 = 20$, y que se dispone de la información proporcionada por una muestra aleatoria simple $(x_1, \ldots, x_{20})$ para la que $\sum_{i=1}^{n}(x_i - \mu)^2 = 500$. El test que soluciona el contraste es rechazar $H_0 \Leftrightarrow \sum_{i=1}^{n}(x_i - \mu)^2 \leq \sigma_0^2 \chi_{n,1-\alpha}^2$. Para un nivel de significación $\alpha = 0.05$, $\chi_{20,0.95}^2 = 10.85$ y se tiene que $\sum_{i=1}^{n}(x_i - \mu)^2 = 500 > 217 = (20)(10.85) = \sigma_0^2 \chi_{n,1-\alpha}^2$, luego se acepta la hipótesis nula para $\alpha = 0.05$.*

---

- Contraste unilateral para la diferencia de las medias de dos poblaciones

Considérense dos poblaciones independientes representadas por las variables aleatorias $X_1 \sim N(\mu_1, \sigma_1^2)$ y $X_2 \sim N(\mu_2, \sigma_2^2)$, así como sendas muestras aleatorias simples obtenidas a partir de ellas de tamaños y medias respectivos $n_1, \overline{x}_1$ y $n_2, \overline{x}_2$.

Planteado el contraste

$$\begin{aligned} H_0 &: \quad \mu_1 \leq \mu_2 \\ H_1 &: \quad \mu_1 > \mu_2, \end{aligned}$$

equivalente al contraste unilateral para la media de una población Normal,

$$\begin{aligned} H_0 &: \quad \mu_1 - \mu_2 \leq 0 \\ H_1 &: \quad \mu_1 - \mu_2 > 0, \end{aligned}$$

entonces el test con un nivel de significación $\alpha$ que lo resuelve es

$$\text{rechazar } H_0 \Leftrightarrow \overline{x}_1 - \overline{x}_2 \geq z_\alpha \sqrt{\frac{\sigma_1^2}{n_1} + \frac{\sigma_2^2}{n_2}},$$

donde $z_\alpha$ es el cuantil de la Normal estándar que deja a su derecha una probabilidad $\alpha$.

Como se ha comentado con anterioridad, este test resulta inútil cuando se desconoce alguna de las varianzas poblacionales. No obstante, cualquiera de las dos puede ser estimada mediante la correspondiente varianza muestral si el tamaño de la muestra es suficientemente grande. De hecho, en el caso de muestras grandes no se precisa la Normalidad de la población y se obtiene el anterior test con un nivel de significación aproximado.

Incluso en el caso de varianzas poblacionales desconocidas pero iguales y con tamaños muestrales reducidos es factible la resolución del contraste de la diferencia de medias. Para ello se utiliza el siguiente test con un nivel de significación $\alpha$

$$\text{rechazar } H_0 \Leftrightarrow \overline{x}_1 - \overline{x}_2 \geq t_{n_1+n_2-2,\alpha} \sqrt{\frac{n_1 s_1^2 + n_2 s_2^2}{n_1 + n_2 - 2} \left( \frac{1}{n_1} + \frac{1}{n_2} \right)},$$

donde $s_1^2$, $s_2^2$ son las respectivas varianzas muestrales y $t_{n_1+n_2-2,\alpha}$, el valor tal que $p\left(T \geq t_{n_1+n_2-2,\alpha}\right) = \alpha$ para $T \sim t_{n_1+n_2-2}$.

Planteadas las hipótesis en sentido contrario, los respectivos test resultan

$$\text{rechazar } H_0 \Leftrightarrow \overline{x}_1 - \overline{x}_2 \leq -z_\alpha \sqrt{\frac{\sigma_1^2}{n_1} + \frac{\sigma_2^2}{n_2}}$$

$$\text{rechazar } H_0 \Leftrightarrow \overline{x}_1 - \overline{x}_2 \leq -t_{n_1+n_2-2,\alpha} \sqrt{\frac{n_1 s_1^2 + n_2 s_2^2}{n_1 + n_2 - 2} \left( \frac{1}{n_1} + \frac{1}{n_2} \right)}.$$

**POR EJEMPLO:**

*supóngase que se desea resolver el contraste para la diferencia de medias $H_0 : \mu_1 \leq \mu_2$ frente a $H_1 : \mu_1 > \mu_2$, de dos poblaciones independientes $X_1 \sim N\left(\mu_1, \sigma_1^2\right)$ y $X_2 \sim N\left(\mu_2, \sigma_2^2\right)$, utilizando para ello sendas muestras aleatorias simples para las que $n_1 = 100$, $\overline{x}_1 = 20$, $s_1^2 = 10$, $n_2 = 200$, $\overline{x}_2 = 10$ y $s_2^2 = 50$. Para un nivel $\alpha = 0.01$, $\overline{x}_1 - \overline{x}_2 = 20 - 10 = 10 \geq 1.3761 = 2.326\sqrt{\frac{10}{100} + \frac{50}{200}} = z_\alpha\sqrt{\frac{s_1^2}{n_1} + \frac{s_2^2}{n_2}}$, donde se han aproximado las varianzas poblacionales desconocidas por las muestrales y $z_{0.01} = 2.326$, luego la decisión es rechazar $H_0$ para $\alpha = 0.01$.*

- Contraste unilateral para la diferencia de dos proporciones con muestras grandes

Considérense dos poblaciones dicotómicas independientes representadas por las variables aleatorias $X_1 \sim Br(\theta_1)$ y $X_2 \sim Br(\theta_2)$, así como las respectivas muestras aleatorias simples obtenidas a partir de ellas de tamaños elevados $n_1$ y $n_2$.

El test con un nivel de significación aproximado $\alpha$ que resuelve el contraste unilateral $H_0 : \theta_1 \leq \theta_2$ frente a $H_1 : \theta_1 > \theta_2$ es

$$\text{rechazar } H_0 \Leftrightarrow \overline{x}_1 - \overline{x}_2 \geq z_\alpha \sqrt{\hat{\theta}(1 - \hat{\theta}) \left( \frac{1}{n_1} + \frac{1}{n_2} \right)},$$

donde $\hat{\theta} = \frac{n_1 \overline{x}_1 + n_2 \overline{x}_2}{n_1 + n_2}$ es una media ponderada de las respectivas medias muestrales $\overline{x}_1$ y $\overline{x}_2$, y $z_\alpha$ es el cuantil de la Normal estándar que acumula a su derecha una probabilidad $\alpha$.

Si se plantean las hipótesis en sentido inverso,

$$H_0 \; : \; \theta_1 \geq \theta_2$$
$$H_1 \; : \; \theta_1 < \theta_2,$$

entonces el test con un nivel de significación aproximado $\alpha$ que se propone para la resolución del contraste es

$$\text{rechazar } H_0 \Leftrightarrow \overline{x}_1 - \overline{x}_2 \leq -z_\alpha \sqrt{\hat{\theta}(1 - \hat{\theta}) \left( \frac{1}{n_1} + \frac{1}{n_2} \right)}.$$

**POR EJEMPLO:**

*supóngase que se desea resolver el contraste $H_0 : \theta_1 \leq \theta_2$ frente a $H_1 : \theta_1 > \theta_2$, para la comparación de las proporciones de dos poblaciones Bernouilli independientes $X_1 \sim Br(\theta_1)$ y $X_2 \sim Br(\theta_2)$, utilizando para ello sendas muestras aleatorias simples $(x_{11}, \ldots, x_{1n_1})$ y $(x_{21}, \ldots, x_{2n_2})$ para las cuales $n_1 = 150$, $\overline{x}_1 = 0.5$, $n_2 = 80$ y $\overline{x}_2 = 0.2$. Para un nivel de significación $\alpha = 0.1$, $\overline{x}_1 - \overline{x}_2 = 0.5 - 0.2 = 0.3 \geq 0.0867 = 1.28 \sqrt{(0.3957)(0.6043)\left(\frac{1}{150} + \frac{1}{80}\right)} = z_\alpha \sqrt{\hat{\theta}(1-\hat{\theta})\left(\frac{1}{n_1} + \frac{1}{n_2}\right)}$, donde $\hat{\theta} = \frac{n_1 \overline{x}_1 + n_2 \overline{x}_2}{n_1 + n_2} = \frac{(150)(0.5) + (80)(0.2)}{150 + 80} = 0.3957$ y $z_{0.1} = 1.28$, luego la decisión es rechazar $H_0$ para $\alpha = 0.1$.*

## 4.3.  Contrastes de hipótesis bilaterales

También para las características poblacionales más relevantes, en este punto se va a dar solución a *contrastes de hipótesis bilaterales* del tipo

$$H_0 \quad : \quad \theta = \theta_0$$
$$H_1 \quad : \quad \theta \neq \theta_0,$$

de un modo casi inmediato a partir de los intervalos de confianza.

Considérese una población representada por una variable aleatoria $X$ con distribución de probabilidad $F(x; \theta)$ y una muestra aleatoria simple obtenida a partir de ella, $(x_1, \ldots, x_n)$.

Obtenido $[I_1 = i_1(X_1, \ldots, X_n), I_2 = i_2(X_1, \ldots, X_n)]$, un intervalo de probabilidad $1 - \alpha$ para $\theta$, entonces $p(I_1 \leq \theta \leq I_2) = 1 - \alpha$ y sustituyendo para la muestra concreta se obtiene el correspondiente intervalo de confianza $1 - \alpha$ para $\theta$, $[i_1 = i_1(x_1, \ldots, x_n), i_2 = i_2(x_1, \ldots, x_n)]$.

Para la resolución del contraste anterior se propone el test

$$\text{rechazar } H_0 \Leftrightarrow \theta_0 \notin [i_1, i_2],$$

con riesgo de tipo I, $R_1 = p(\text{rechazar } H_0 \,|\, H_0 \text{ cierta}) = p(\theta_0 \notin [I_1, I_2] \,|\, \theta = \theta_0) = 1 - (1 - \alpha) = \alpha$.

Es decir, de un modo muy simple y a partir de los intervalos de confianza se construyen los tests con un nivel de significación $0 < \alpha < 1$ que resuelven los contrastes bilaterales paralelos a los del punto anterior.

- Contraste bilateral para la media de una población Normal

Considérese que la distribución poblacional es $N(\mu, \sigma^2)$ y el contraste de hipótesis bilateral a resolver

$$
\begin{aligned}
H_0 &: \quad \mu = \mu_0 \\
H_1 &: \quad \mu \neq \mu_0.
\end{aligned}
$$

Se propone el test con un nivel de significación $\alpha$ que rechaza la hipótesis nula cuando el valor que especifica dicha hipótesis, $\mu_0$, no pertenece al intervalo de confianza $1 - \alpha$ para la media $\mu$, equivalente a

$$\text{rechazar } H_0 \Leftrightarrow \overline{x} \notin \left[ \mu_0 - z_{\alpha/2} \, \frac{\sigma}{\sqrt{n}}, \mu_0 + z_{\alpha/2} \, \frac{\sigma}{\sqrt{n}} \right],$$

con $z_{\alpha/2}$ el valor tal que $p(Z \geq z_{\alpha/2}) = \frac{\alpha}{2}$ para $Z \sim N(0,1)$.

Si la desviación típica $\sigma$ no es conocida pero la muestra es de tamaño elevado entonces puede ser aproximada por la desviación típica muestral. Además, en este caso no es necesaria la Normalidad para la población.

El test con un nivel de significación aproximado $\alpha$ que se propone para el contraste bilateral para la media de una población con muestras grandes es

$$\text{rechazar } H_0 \Leftrightarrow \overline{x} \notin \left[ \mu_0 - z_{\alpha/2} \frac{s}{\sqrt{n}}, \mu_0 + z_{\alpha/2} \frac{s}{\sqrt{n}} \right].$$

Cuando la población es Normal con varianza desconocida se propone el test basado en la distribución t de Student, de gran utilidad cuando la muestra es de tamaño reducido,

$$\text{rechazar } H_0 \Leftrightarrow \overline{x} \notin \left[ \mu_0 - t_{n-1,\frac{\alpha}{2}} \frac{s}{\sqrt{n-1}}, \mu_0 + t_{n-1,\frac{\alpha}{2}} \frac{s}{\sqrt{n-1}} \right],$$

con $t_{n-1,\alpha/2}$ el correspondiente cuantil de la distribución t de Student.

Para hallar el nivel de significación crítico hemos de situarnos en la frontera entre la aceptación y el rechazo con el fin de resolver para $\alpha$ la ecuación asociada. Por ejemplo, para el contraste anterior, $\alpha_0$ tal que $\overline{x} = \mu_0 - t_{n-1,\frac{\alpha_0}{2}} \frac{s}{\sqrt{n-1}}$ o $\overline{x} = \mu_0 + t_{n-1,\frac{\alpha_0}{2}} \frac{s}{\sqrt{n-1}}$.

---

**POR EJEMPLO:**

*supóngase que se desea contrastar $H_0 : \mu = \mu_0 = 18$ frente a $H_1 : \mu \neq \mu_0 = 18$, donde $\mu$ es la media de una población $N\left(\mu, \sigma^2\right)$, a partir de una muestra aleatoria simple $(x_1, \ldots, x_{100})$ de la que se conoce que $\overline{x} = 20$ y $s = 10$. En el tema anterior obtuvimos el intervalo de confianza 0.95, $[18.04, 21.96]$, luego como $\mu_0 = 18 \notin [18.04, 21.96] = \left[ \overline{x} - z_{\alpha/2} \frac{s}{\sqrt{n}}, \overline{x} + z_{\alpha/2} \frac{s}{\sqrt{n}} \right]$, la decisión es rechazar la hipótesis nula para $\alpha = 0.05$.*

*El nivel de significación crítico se obtiene resolviendo la ecuación para $\alpha$, $\mu_0 = \overline{x} - z_{\alpha_0/2} \frac{s}{\sqrt{n}}$, de donde $z_{\alpha_0/2} = (20 - 18) \frac{10}{10} = 2$ y $\alpha_0 = 0.0228$, nivel situado entre los habituales.*

- Contraste bilateral para una proporción con muestras grandes

El intervalo de confianza $1 - \alpha$ para la proporción $\theta$ de una población Bernouilli resulta $\left[\overline{x} - z_{\alpha/2} \sqrt{\frac{\theta(1-\theta)}{n}}, \overline{x} + z_{\alpha/2} \sqrt{\frac{\theta(1-\theta)}{n}}\right]$, con $z_{\alpha/2}$ definido como antes y siendo el intervalo dependiente del parámetro desconocido $\theta$, tal y como se comentó en el tema anterior.

Por ello, para la resolución del contraste bilateral

$$H_0 \quad : \quad \theta = \theta_0$$
$$H_1 \quad : \quad \theta \neq \theta_0,$$

se propone el test

$$\text{rechazar } H_0 \Leftrightarrow \overline{x} \notin \left[\theta_0 - z_{\alpha/2} \sqrt{\frac{\theta_0(1 - \theta_0)}{n}}, \theta_0 + z_{\alpha/2} \sqrt{\frac{\theta_0(1 - \theta_0)}{n}}\right],$$

que tiene un nivel de significación aproximado $\alpha$.

---

**POR EJEMPLO:**

*supóngase que se desea contrastar $H_0 : \theta = \theta_0 = 0.2$ frente a $H_1 : \theta \neq \theta_0 = 0.2$, donde $\theta$ es la proporción de una población $Br(\theta)$, a partir de una muestra aleatoria simple $(x_1, \ldots, x_{50})$ para la que la media resulta igual a 0.14. Como $\overline{x} = 0.14 \in [0.1069, 0.2931] = \left[0.2 - 1.645\sqrt{\frac{(0.2)(0.8)}{50}}, 0.2 + 1.645\sqrt{\frac{(0.2)(0.8)}{50}}\right] = \left[\theta_0 - z_{\alpha/2} \sqrt{\frac{\theta_0(1-\theta_0)}{n}}, \theta_0 + z_{\alpha/2} \sqrt{\frac{\theta_0(1-\theta_0)}{n}}\right]$, con $z_{0.05} = 1.645$, se acepta la hipótesis nula para un nivel de significación $\alpha = 0.1$.*

- Contraste bilateral para la varianza de una población Normal

Considérese que la distribución poblacional es $N(\mu, \sigma^2)$ y el contraste de hipótesis bilateral a resolver

$$H_0 \;:\; \sigma^2 = \sigma_0^2$$
$$H_1 \;:\; \sigma^2 \neq \sigma_0^2.$$

El intervalo de confianza $1 - \alpha$ para $\sigma^2$ es $\left[ \dfrac{ns^2}{\chi^2_{n-1,\frac{\alpha}{2}}}, \dfrac{ns^2}{\chi^2_{n-1,1-\frac{\alpha}{2}}} \right]$, con $\chi^2_{n-1,\frac{\alpha}{2}}$ y $\chi^2_{n-1,1-\frac{\alpha}{2}}$, los correspondientes cuantiles de la distribución de probabilidad $\chi^2_{n-1}$, por lo que el test con un nivel de significación $\alpha$ que se propone para la resolución del contraste es

$$\text{rechazar } H_0 \Leftrightarrow ns^2 \notin \left[ \sigma_0^2 \, \chi^2_{n-1,1-\frac{\alpha}{2}}, \sigma_0^2 \, \chi^2_{n-1,\frac{\alpha}{2}} \right].$$

Para el caso de media poblacional conocida el test a utilizar es

$$\text{rechazar } H_0 \Leftrightarrow \sum_{i=1}^{n}(x_i - \mu)^2 \notin \left[ \sigma_0^2 \, \chi^2_{n,1-\frac{\alpha}{2}}, \sigma_0^2 \, \chi^2_{n,\frac{\alpha}{2}} \right].$$

**POR EJEMPLO:**

*supóngase que se desea contrastar si la varianza $\sigma^2$ de una población $N\left(\mu, \sigma^2\right)$ es igual a 50 a partir de una muestra aleatoria simple $(x_1, \ldots, x_{20})$ para la que $s^2 = 25$. En el tema anterior se obtuvo para $\sigma^2$ el intervalo de confianza 0.99, $[12.9601, 73.0567]$, por lo que para un nivel de significación 0.01 la decisión es aceptar la hipótesis nula, dado que $50 \in [12.9601, 73.0567]$.*

- Contraste bilateral para la igualdad de las medias de dos poblaciones

Considérense dos poblaciones independientes representadas por las variables aleatorias $X_1 \sim N(\mu_1, \sigma_1^2)$ y $X_2 \sim N(\mu_2, \sigma_2^2)$, así como sendas muestras aleatorias simples obtenidas a partir de ellas de tamaños y medias respectivos $n_1, \overline{x}_1$ y $n_2, \overline{x}_2$.

Planteado el contraste

$$H_0 \; : \; \mu_1 = \mu_2$$
$$H_1 \; : \; \mu_1 \neq \mu_2,$$

equivalente al contraste bilateral para la media de una población Normal,

$$H_0 \; : \; \mu_1 - \mu_2 = 0$$
$$H_1 \; : \; \mu_1 - \mu_2 \neq 0,$$

entonces el test con un nivel de significación $\alpha$ que lo resuelve es

$$\text{rechazar } H_0 \Leftrightarrow \overline{x}_1 - \overline{x}_2 \notin \left[ -z_{\alpha/2}\sqrt{\frac{\sigma_1^2}{n_1} + \frac{\sigma_2^2}{n_2}}, \; z_{\alpha/2}\sqrt{\frac{\sigma_1^2}{n_1} + \frac{\sigma_2^2}{n_2}} \right],$$

o equivalentemente

$$\text{rechazar } H_0 \Leftrightarrow |\overline{x}_1 - \overline{x}_2| > z_{\alpha/2}\sqrt{\frac{\sigma_1^2}{n_1} + \frac{\sigma_2^2}{n_2}},$$

donde $z_{\alpha/2}$ es el cuantil de la Normal estándar que deja a su derecha una probabilidad $\alpha/2$.

Si alguna de las muestras es de tamaño elevado entonces puede aproximarse la correspondiente varianza poblacional por la varianza muestral y relajar la condición de Normalidad para esa población.

El test con un nivel de significación $\alpha$ para la resolución del contraste de la igualdad de medias en el caso de tamaños muestrales reducidos y varianzas poblacionales desconocidas pero iguales es

$$\text{rechazar } H_0 \Leftrightarrow |\overline{x}_1 - \overline{x}_2| > t_{n_1+n_2-2,\alpha/2} \sqrt{\frac{n_1 s_1^2 + n_2 s_2^2}{n_1 + n_2 - 2} \left( \frac{1}{n_1} + \frac{1}{n_2} \right)},$$

donde $s_1^2$, $s_2^2$ son las respectivas varianzas muestrales y $t_{n_1+n_2-2,\alpha/2}$, el valor tal que $p\left(T \geq t_{n_1+n_2-2,\alpha/2}\right) = \alpha/2$ para $T \sim t_{n_1+n_2-2}$.

---

**POR EJEMPLO:**

*supóngase que se desea resolver el contraste de igualdad de medias $H_0 : \mu_1 = \mu_2$ frente a $H_1 : \mu_1 \neq \mu_2$, de dos poblaciones independientes $X_1 \sim N\left(\mu_1, \sigma_1^2\right)$ y $X_2 \sim N\left(\mu_2, \sigma_2^2\right)$, utilizando para ello sendas muestras aleatorias simples para las que $n_1 = 100$, $\overline{x}_1 = 20$, $s_1^2 = 10$, $n_2 = 200$, $\overline{x}_2 = 10$ y $s_2^2 = 50$. El error de estimación obtenido en el tema anterior para dicha diferencia fue $\epsilon = z_{\alpha/2} \sqrt{\frac{s_1^2}{n_1} + \frac{s_2^2}{n_2}} = 1.1596$, con un nivel de confianza 0.95, por lo que como $|\overline{x}_1 - \overline{x}_2| = 20 - 10 = 10 > 1.1596 = \epsilon$, la decisión es rechazar $H_0$ para $\alpha = 0.05$.*

---

- Contraste bilateral para la igualdad de dos proporciones con muestras grandes

Considérense dos poblaciones dicotómicas independientes representadas por las variables aleatorias $X_1 \sim Br(\theta_1)$ y $X_2 \sim Br(\theta_2)$, así como las respectivas muestras aleatorias simples obtenidas a partir de ellas de tamaños elevados $n_1$ y $n_2$.

El test con un nivel de significación aproximado $\alpha$ que resuelve el contraste bilateral $H_0 : \theta_1 = \theta_2$ frente a $H_1 : \theta_1 \neq \theta_2$ es

$$\text{rechazar } H_0 \Leftrightarrow |\overline{x}_1 - \overline{x}_2| > z_{\alpha/2} \sqrt{\hat{\theta}(1 - \hat{\theta}) \left( \frac{1}{n_1} + \frac{1}{n_2} \right)},$$

donde $\hat{\theta} = \frac{n_1 \overline{x}_1 + n_2 \overline{x}_2}{n_1 + n_2}$ es una media ponderada de las respectivas medias muestrales $\overline{x}_1$ y $\overline{x}_2$, y $z_{\alpha/2}$ es el cuantil de la Normal estándar que acumula a su derecha una probabilidad $\alpha/2$.

---

**POR EJEMPLO:**

*supóngase que se desea resolver el contraste $H_0 : \theta_1 = \theta_2$ frente a $H_1 : \theta_1 \neq \theta_2$, para la igualdad de las proporciones de dos poblaciones Bernouilli independientes $X_1 \sim Br(\theta_1)$ y $X_2 \sim Br(\theta_2)$, utilizando para ello sendas muestras aleatorias simples $(x_{11}, \ldots, x_{1n_1})$ y $(x_{21}, \ldots, x_{2n_2})$ para las cuales $n_1 = 150$, $\overline{x}_1 = 0.5$, $n_2 = 80$ y $\overline{x}_2 = 0.2$. Para un nivel de significación $\alpha = 0.05$, $|\overline{x}_1 - \overline{x}_2| = 0.5 - 0.2 = 0.3 > 0.0898 = 1.96 \sqrt{(0.3957)(0.6043) \left( \frac{1}{150} + \frac{1}{80} \right)} = z_{\alpha/2} \sqrt{\hat{\theta}(1 - \hat{\theta}) \left( \frac{1}{n_1} + \frac{1}{n_2} \right)}$, donde $\hat{\theta} = \frac{n_1 \overline{x}_1 + n_2 \overline{x}_2}{n_1 + n_2} = \frac{(150)(0.5) + (80)(0.2)}{150 + 80} = 0.3957$ y $z_{0.025} = 1.96$, luego la decisión es rechazar $H_0$ para dicho nivel de significación.*

## Tabla resumen de contrastes de hipótesis unilaterales

| CONTRASTE | MODELO | TAMAÑO | ESTADÍSTICOS | TABLAS |
|---|---|---|---|---|
| $H_0 : \mu \leq \mu_0$ $H_1 : \mu > \mu_0$ | $N\left(\mu, \sigma^2\right)$ $\sigma^2$ conocida | cualquiera | $\overline{x}$ | Normal |
| | Rechazar $H_0 \Leftrightarrow \overline{x} \geq \mu_0 + z_\alpha \frac{\sigma}{\sqrt{n}}$ | | | |
| $H_0 : \mu \leq \mu_0$ $H_1 : \mu > \mu_0$ | cualquiera $\sigma^2$ desconocida | grande | $\overline{x}, s$ | Normal |
| | Rechazar $H_0 \Leftrightarrow \overline{x} \geq \mu_0 + z_\alpha \frac{s}{\sqrt{n}}$ | | | |
| $H_0 : \mu \leq \mu_0$ $H_1 : \mu > \mu_0$ | $N\left(\mu, \sigma^2\right)$ $\sigma^2$ desconocida | cualquiera | $\overline{x}, s$ | t de Student |
| | Rechazar $H_0 \Leftrightarrow \overline{x} \geq \mu_0 + t_{n-1,\alpha} \frac{s}{\sqrt{n-1}}$ | | | |
| $H_0 : \theta \leq \theta_0$ $H_1 : \theta > \theta_0$ | $Br(\theta)$ | grande | $\overline{x}$ | Normal |
| | Rechazar $H_0 \Leftrightarrow \overline{x} \geq \theta_0 + z_\alpha \sqrt{\frac{\theta_0(1-\theta_0)}{n}}$ | | | |
| $H_0 : \sigma^2 \leq \sigma_0^2$ $H_1 : \sigma^2 > \sigma_0^2$ | $N\left(\mu, \sigma^2\right)$ $\mu$ desconocida | cualquiera | $s^2$ | Chi-cuadrado |
| | Rechazar $H_0 \Leftrightarrow s^2 \geq \frac{\sigma_0^2}{n} \chi_{n-1,\alpha}^2$ | | | |
| $H_0 : \sigma^2 \leq \sigma_0^2$ $H_1 : \sigma^2 > \sigma_0^2$ | $N\left(\mu, \sigma^2\right)$ $\mu$ conocida | cualquiera | $\sum_{i=1}^n (x_i - \mu)^2$ | Chi-cuadrado |
| | Rechazar $H_0 \Leftrightarrow \sum_{i=1}^n (x_i - \mu)^2 \geq \sigma_0^2 \chi_{n,\alpha}^2$ | | | |
| $H_0 : \mu_1 \leq \mu_2$ $H_1 : \mu_1 > \mu_2$ | $N(\mu_1, \sigma_1^2), N(\mu_2, \sigma_2^2)$ $\sigma_1^2, \sigma_2^2$ conocidas | cualesquiera | $\overline{x}_1, \overline{x}_2$ | Normal |
| | Rechazar $H_0 \Leftrightarrow \overline{x}_1 - \overline{x}_2 \geq z_\alpha \sqrt{\frac{\sigma_1^2}{n_1} + \frac{\sigma_2^2}{n_2}}$ | | | |
| $H_0 : \mu_1 \leq \mu_2$ $H_1 : \mu_1 > \mu_2$ | cualesquiera $\sigma_1^2, \sigma_2^2$ desconocidas | grandes | $\overline{x}_1, \overline{x}_2, s_1^2, s_2^2$ | Normal |
| | Rechazar $H_0 \Leftrightarrow \overline{x}_1 - \overline{x}_2 \geq z_\alpha \sqrt{\frac{s_1^2}{n_1} + \frac{s_2^2}{n_2}}$ | | | |
| $H_0 : \mu_1 \leq \mu_2$ $H_1 : \mu_1 > \mu_2$ | $N(\mu_1, \sigma_1^2), N(\mu_2, \sigma_2^2)$ $\sigma_1^2 = \sigma_2^2$ desconocidas | cualesquiera | $\overline{x}_1, \overline{x}_2, s_1^2, s_2^2$ | t de Student |
| | Rechazar $H_0 \Leftrightarrow \overline{x}_1 - \overline{x}_2 \geq t_{n_1+n_2-2,\alpha} \sqrt{\frac{n_1 s_1^2 + n_2 s_2^2}{n_1+n_2-2} \left(\frac{1}{n_1} + \frac{1}{n_2}\right)}$ | | | |

| CONTRASTE | MODELO | TAMAÑO | ESTADÍSTICOS | TABLAS |
|---|---|---|---|---|
| $H_0 : \theta_1 \leq \theta_2$ <br> $H_1 : \theta_1 > \theta_2$ | $Br(\theta_1), Br(\theta_2)$ | grandes | $\overline{x}_1, \overline{x}_2$ <br> $\hat{\theta} = \frac{n_1 \overline{x}_1 + n_2 \overline{x}_2}{n_1 + n_2}$ | Normal |
| | | Rechazar $H_0 \Leftrightarrow \overline{x}_1 - \overline{x}_2 \geq z_\alpha \sqrt{\hat{\theta}(1-\hat{\theta}) \left( \frac{1}{n_1} + \frac{1}{n_2} \right)}$ | | |
| $H_0 : \mu \geq \mu_0$ <br> $H_1 : \mu < \mu_0$ | $N\left(\mu, \sigma^2\right)$ <br> $\sigma^2$ conocida | cualquiera | $\overline{x}$ | Normal |
| | | Rechazar $H_0 \Leftrightarrow \overline{x} \leq \mu_0 - z_\alpha \frac{\sigma}{\sqrt{n}}$ | | |
| $H_0 : \mu \geq \mu_0$ <br> $H_1 : \mu < \mu_0$ | cualquiera <br> $\sigma^2$ desconocida | grande | $\overline{x}, s$ | Normal |
| | | Rechazar $H_0 \Leftrightarrow \overline{x} \leq \mu_0 - z_\alpha \frac{s}{\sqrt{n}}$ | | |
| $H_0 : \mu \geq \mu_0$ <br> $H_1 : \mu < \mu_0$ | $N\left(\mu, \sigma^2\right)$ <br> $\sigma^2$ desconocida | cualquiera | $\overline{x}, s$ | t de Student |
| | | Rechazar $H_0 \Leftrightarrow \overline{x} \leq \mu_0 - t_{n-1,\alpha} \frac{s}{\sqrt{n-1}}$ | | |
| $H_0 : \theta \geq \theta_0$ <br> $H_1 : \theta < \theta_0$ | $Br(\theta)$ | grande | $\overline{x}$ | Normal |
| | | Rechazar $H_0 \Leftrightarrow \overline{x} \leq \theta_0 - z_\alpha \sqrt{\frac{\theta_0(1-\theta_0)}{n}}$ | | |
| $H_0 : \sigma^2 \geq \sigma_0^2$ <br> $H_1 : \sigma^2 < \sigma_0^2$ | $N\left(\mu, \sigma^2\right)$ <br> $\mu$ desconocida | cualquiera | $s^2$ | Chi-cuadrado |
| | | Rechazar $H_0 \Leftrightarrow s^2 \leq \frac{\sigma_0^2}{n} \chi_{n-1,1-\alpha}^2$ | | |
| $H_0 : \sigma^2 \geq \sigma_0^2$ <br> $H_1 : \sigma^2 < \sigma_0^2$ | $N\left(\mu, \sigma^2\right)$ <br> $\mu$ conocida | cualquiera | $\sum_{i=1}^n (x_i - \mu)^2$ | Chi-cuadrado |
| | | Rechazar $H_0 \Leftrightarrow \sum_{i=1}^n (x_i - \mu)^2 \leq \sigma_0^2 \chi_{n,1-\alpha}^2$ | | |
| $H_0 : \mu_1 \geq \mu_2$ <br> $H_1 : \mu_1 < \mu_2$ | $N(\mu_1, \sigma_1^2), N(\mu_2, \sigma_2^2)$ <br> $\sigma_1^2, \sigma_2^2$ conocidas | cualesquiera | $\overline{x}_1, \overline{x}_2$ | Normal |
| | | Rechazar $H_0 \Leftrightarrow \overline{x}_1 - \overline{x}_2 \leq -z_\alpha \sqrt{\frac{\sigma_1^2}{n_1} + \frac{\sigma_2^2}{n_2}}$ | | |
| $H_0 : \mu_1 \geq \mu_2$ <br> $H_1 : \mu_1 < \mu_2$ | cualesquiera <br> $\sigma_1^2, \sigma_2^2$ desconocidas | grandes | $\overline{x}_1, \overline{x}_2, s_1^2, s_2^2$ | Normal |
| | | Rechazar $H_0 \Leftrightarrow \overline{x}_1 - \overline{x}_2 \leq -z_\alpha \sqrt{\frac{s_1^2}{n_1} + \frac{s_2^2}{n_2}}$ | | |

| CONTRASTE | MODELO | TAMAÑO | ESTADÍSTICOS | TABLAS |
|---|---|---|---|---|
| $H_0 : \mu_1 \geq \mu_2$ $H_1 : \mu_1 < \mu_2$ | $N(\mu_1, \sigma_1^2), N(\mu_2, \sigma_2^2)$ $\sigma_1^2 = \sigma_2^2$ desconocidas | cualesquiera | $\overline{x}_1, \overline{x}_2, s_1^2, s_2^2$ | t de Student |

$$\text{Rechazar } H_0 \Leftrightarrow \overline{x}_1 - \overline{x}_2 \leq -t_{n_1+n_2-2,\alpha} \sqrt{\frac{n_1 s_1^2 + n_2 s_2^2}{n_1+n_2-2}\left(\frac{1}{n_1} + \frac{1}{n_2}\right)}$$

| | | | | |
|---|---|---|---|---|
| $H_0 : \theta_1 \geq \theta_2$ $H_1 : \theta_1 < \theta_2$ | $Br(\theta_1), Br(\theta_2)$ | grandes | $\overline{x}_1, \overline{x}_2$ $\hat{\theta} = \frac{n_1 \overline{x}_1 + n_2 \overline{x}_2}{n_1+n_2}$ | Normal |

$$\text{Rechazar } H_0 \Leftrightarrow \overline{x}_1 - \overline{x}_2 \leq -z_\alpha \sqrt{\hat{\theta}(1-\hat{\theta})\left(\frac{1}{n_1} + \frac{1}{n_2}\right)}$$

## Tabla resumen de contrastes de hipótesis bilaterales

| CONTRASTE | MODELO | TAMAÑO | ESTADÍSTICOS | TABLAS |
|---|---|---|---|---|
| $H_0 : \mu = \mu_0$ <br> $H_1 : \mu \neq \mu_0$ | $N\left(\mu, \sigma^2\right)$ <br> $\sigma^2$ conocida | cualquiera | $\overline{x}$ | Normal |
| $\text{Rechazar } H_0 \Leftrightarrow |\overline{x} - \mu_0| \geq z_{\alpha/2} \frac{\sigma}{\sqrt{n}}$ ||||| 
| $H_0 : \mu = \mu_0$ <br> $H_1 : \mu \neq \mu_0$ | cualquiera <br> $\sigma^2$ desconocida | grande | $\overline{x}, s$ | Normal |
| $\text{Rechazar } H_0 \Leftrightarrow |\overline{x} - \mu_0| \geq z_{\alpha/2} \frac{s}{\sqrt{n}}$ |||||
| $H_0 : \mu = \mu_0$ <br> $H_1 : \mu \neq \mu_0$ | $N\left(\mu, \sigma^2\right)$ <br> $\sigma^2$ desconocida | cualquiera | $\overline{x}, s$ | t de Student |
| $\text{Rechazar } H_0 \Leftrightarrow |\overline{x} - \mu_0| \geq t_{n-1, \frac{\alpha}{2}} \frac{s}{\sqrt{n-1}}$ |||||
| $H_0 : \theta = \theta_0$ <br> $H_1 : \theta \neq \theta_0$ | $Br(\theta)$ | grande | $\overline{x}$ | Normal |
| $\text{Rechazar } H_0 \Leftrightarrow |\overline{x} - \theta_0| \geq z_{\alpha/2} \sqrt{\frac{\theta_0(1-\theta_0)}{n}}$ |||||
| $H_0 : \sigma^2 = \sigma_0^2$ <br> $H_1 : \sigma^2 \neq \sigma_0^2$ | $N\left(\mu, \sigma^2\right)$ <br> $\mu$ desconocida | cualquiera | $s^2$ | Chi-cuadrado |
| $\text{Rechazar } H_0 \Leftrightarrow s^2 \notin \left[\frac{\sigma_0^2}{n} \chi^2_{n-1,1-\frac{\alpha}{2}}, \frac{\sigma_0^2}{n} \chi^2_{n-1,\frac{\alpha}{2}}\right]$ |||||
| $H_0 : \sigma^2 = \sigma_0^2$ <br> $H_1 : \sigma^2 \neq \sigma_0^2$ | $N\left(\mu, \sigma^2\right)$ <br> $\mu$ conocida | cualquiera | $\sum_{i=1}^n (x_i - \mu)^2$ | Chi-cuadrado |
| $\text{Rechazar } H_0 \Leftrightarrow \sum_{i=1}^n (x_i - \mu)^2 \notin \left[\sigma_0^2 \chi^2_{n,1-\frac{\alpha}{2}}, \sigma_0^2 \chi^2_{n,\frac{\alpha}{2}}\right]$ |||||
| $H_0 : \mu_1 = \mu_2$ <br> $H_1 : \mu_1 \neq \mu_2$ | $N(\mu_1, \sigma_1^2), N(\mu_2, \sigma_2^2)$ <br> $\sigma_1^2, \sigma_2^2$ conocidas | cualesquiera | $\overline{x}_1, \overline{x}_2$ | Normal |
| $\text{Rechazar } H_0 \Leftrightarrow |\overline{x}_1 - \overline{x}_2| > z_{\alpha/2} \sqrt{\frac{\sigma_1^2}{n_1} + \frac{\sigma_2^2}{n_2}}$ |||||
| $H_0 : \mu_1 = \mu_2$ <br> $H_1 : \mu_1 \neq \mu_2$ | cualesquiera <br> $\sigma_1^2, \sigma_2^2$ desconocidas | grandes | $\overline{x}_1, \overline{x}_2, s_1^2, s_2^2$ | Normal |
| $\text{Rechazar } H_0 \Leftrightarrow |\overline{x}_1 - \overline{x}_2| > z_{\alpha/2} \sqrt{\frac{s_1^2}{n_1} + \frac{s_2^2}{n_2}}$ |||||
| $H_0 : \mu_1 = \mu_2$ <br> $H_1 : \mu_1 \neq \mu_2$ | $N(\mu_1, \sigma_1^2), N(\mu_2, \sigma_2^2)$ <br> $\sigma_1^2 = \sigma_2^2$ desconocidas | cualesquiera | $\overline{x}_1, \overline{x}_2, s_1^2, s_2^2$ | t de Student |
| $\text{Rechazar } H_0 \Leftrightarrow |\overline{x}_1 - \overline{x}_2| > t_{n_1+n_2-2, \alpha/2} \sqrt{\frac{n_1 s_1^2 + n_2 s_2^2}{n_1 + n_2 - 2} \left(\frac{1}{n_1} + \frac{1}{n_2}\right)}$ |||||

| CONTRASTE | MODELO | TAMAÑO | ESTADÍSTICOS | TABLAS |
|-----------|--------|--------|--------------|--------|
| $H_0 : \theta_1 = \theta_2$ | $Br(\theta_1), Br(\theta_2)$ | grandes | $\overline{x}_1, \overline{x}_2$ | Normal |
| $H_1 : \theta_1 \neq \theta_2$ | | | $\hat{\theta} = \frac{n_1 \overline{x}_1 + n_2 \overline{x}_2}{n_1 + n_2}$ | |

$$\text{Rechazar } H_0 \Leftrightarrow |\overline{x}_1 - \overline{x}_2| > z_{\alpha/2} \sqrt{\hat{\theta}(1 - \hat{\theta}) \left( \frac{1}{n_1} + \frac{1}{n_2} \right)}$$

# Tema 5

# Contrastes de hipótesis no paramétricas

En este último tema del curso resolveremos diferentes problemas de *contrastes de hipótesis no paramétricas*, formulados cuando se desconoce el modelo poblacional.

Más concretamente, solucionaremos *contrastes de bondad de ajuste*, en los que la hipótesis nula especifica una distribución de probabilidad concreta para la variable aleatoria que representa a la población; *contrastes de independencia*, en los que la hipótesis nula propone la independencia entre dos poblaciones; *contrastes de homogeneidad*, cuando la hipótesis nula plantea la misma distribución de probabilidad para dos poblaciones y *contrastes de aleatoriedad*, cuando la hipótesis nula propone que la muestra obtenida es aleatoria simple.

## 5.1. Contrastes de bondad de ajuste

Considérese un universo o colectivo de individuos cuyas unidades se clasifican en $k$ categorías, $\{A_1, \ldots, A_k\}$, $k \in \mathbb{N}$, mutuamente excluyentes, de modo que todos y cada uno de los individuos están clasificados en una, y sólo una, categoría.

Puede definirse una variable aleatoria discreta $X$, con valores los primeros $k$ números naturales, representando a la población que define la categoría de clasificación de un cierto individuo del universo. Su distribución de probabilidad queda determinada por las probabilidades $\pi_i = p(X \in A_i)$, $i = 1, \ldots, k$, reales positivos que suman la unidad.

Se plantea el contraste de bondad de ajuste

$$
\begin{aligned}
H_0 & : \quad \pi_i = \pi_i^*, \, \pi_i^* > 0, \, i = 1, \ldots, k, \, \text{con} \sum_{i=1}^{k} \pi_i^* = 1 \\
H_1 & : \quad \pi_{i_0} \neq \pi_{i_0}^*, \, \text{para algún } i_0 \in \{1, \ldots, k\},
\end{aligned}
$$

donde la hipótesis nula especifica una determinada distribución de probabilidad categórica para la población y la hipótesis alternativa resulta equivalente a la negación de $H_0$.

Para su resolución, supóngase obtenida una muestra aleatoria simple de tamaño $n$ de la población, $(x_1, \ldots, x_n)$, y sea $n_i$ el número de observaciones muestrales clasificadas en la categoría $A_i$, $i = 1, \ldots, k$, de modo que se cumple que $\sum_{i=1}^{k} n_i = n$.

El estadístico de contraste a utilizar es el *estadístico $\chi^2$ de Pearson*

$$
q = \sum_{i=1}^{k} \frac{(n_i - n\pi_i^*)^2}{n\pi_i^*}.
$$

Este estadístico consiste en la suma, para todas las categorías, de los valores muestrales observados menos los esperados si $H_0$ es cierta, al cuadrado, entre los esperados.

Efectivamente, en cada categoría han sido observados $n_i$ individuos en la muestra y si se supone la hipótesis nula cierta, entonces el número de individuos clasificados en la categoría i-ésima resultaría una variable aleatoria con distribución de probabilidad $Bi\,(n, \pi_i^*)$ y consecuentemente $n\pi_i^*$ sería su valor esperado.

El estadístico será tanto más grande cuanto mayores sean las diferencias entre la verdadera distribución poblacional y la distribución de probabilidad que propone la hipótesis nula, de modo que un test razonable consistirá en rechazarla cuando $q$ sea grande.

Bajo la hipótesis nula y ciertas condiciones muy genéricas de amplio cumplimiento que incluyen que el tamaño muestral sea elevado, se tiene que el estadístico de Pearson sigue aproximadamente una distribución de probabilidad $\chi_{k-1}^2$, por lo que para un nivel de significación aproximado $0 < \alpha < 1$ se propone el test

$$\text{rechazar } H_0 \Leftrightarrow q = \sum_{i=1}^{k} \frac{(n_i - n\pi_i^*)^2}{n\pi_i^*} \geq \chi_{k-1,\alpha}^2,$$

donde $\chi_{k-1,\alpha}^2$ es el cuantil de la distribución $\chi_{k-1}^2$ que deja a su derecha una probabilidad igual a $\alpha$.

Como anteriormente, para hallar el nivel de significación crítico hemos de resolver para $\alpha$ la ecuación asociada a la inecuación anterior, esto es, $\alpha_0$ tal que $q = \chi_{k-1,\alpha_0}^2$.

**POR EJEMPLO:**

*supóngase que se desea contrastar si los préstamos concedidos por cierta entidad bancaria se distribuyen por igual en tres categorías; bajos, medios y altos, según el capital concedido. Se plantea para ello el siguiente contraste de bondad de ajuste, $H_0 : \pi_1 = \pi_1^* = \frac{1}{3}$, $\pi_2 = \pi_2^* = \frac{1}{3}$, $\pi_3 = \pi_3^* = \frac{1}{3}$ frente a $H_1$ : no $H_0$, y se dispone de la información proporcionada por una muestra aleatoria simple $(x_1, \ldots, x_{50})$ para la que $n_1 = 20$, $n_2 = 20$ y $n_3 = 10$. El estadístico $\chi^2$ de Pearson es $q = \sum_{i=1}^{k} \frac{(n_i - n\pi_i^*)^2}{n\pi_i^*} = \frac{(20 - 50 \times 0.\widehat{3})^2}{50 \times 0.\widehat{3}} + \frac{(20 - 50 \times 0.\widehat{3})^2}{50 \times 0.\widehat{3}} + \frac{(10 - 50 \times 0.\widehat{3})^2}{50 \times 0.\widehat{3}} = 4$ y $\chi_{k-1,\alpha_0}^2 = \chi_{2,\alpha_0}^2 = q = 4$ para $\alpha_0 \simeq 0.1353$, luego la decisión es aceptar $H_0$ para todo nivel de significación $\alpha \leq 0.1353$. Por consiguiente, sí que sería admisible asumir que los préstamos se reparten de manera uniforme entre las tres categorías para cualquier nivel de significación habitual.*

## 5.2. Contrastes de independencia y de homogeneidad

El test $\chi^2$ de Pearson que acaba de ser definido también es utilizado para la resolución de contrastes de independencia y homogeneidad entre dos poblaciones.

Considérese un universo en el que son observadas dos características que definen sendas poblaciones representadas por las variables aleatorias categóricas $X$ e $Y$. Los individuos del colectivo se clasifican según $X$ en $I \in \mathbb{N}$ categorías, $\{A_1, \ldots, A_I\}$, mutuamente excluyentes, de forma que todos y cada uno de ellos están clasificados en una, y sólo una, de las categorías. Según la variable $Y$, quedan clasificados en $\{B_1, \ldots, B_J\}, J \in \mathbb{N}$, de un modo completamente análogo.

Se plantea el contraste de independencia

$$
\begin{aligned}
H_0 &: \quad X \text{ e } Y \text{ independientes} \\
H_1 &: \quad X \text{ e } Y \text{ dependientes,}
\end{aligned}
$$

donde la hipótesis nula especifica la independencia entre ambas poblaciones y la hipótesis alternativa es equivalente a la negación de $H_0$, es decir, la dependencia entre ellas.

Para la resolución de este contraste, supóngase obtenida una muestra aleatoria simple de tamaño $n$ del universo y las observaciones muestrales clasificadas según el doble criterio, tal y como se recoge en la siguiente tabla de doble entrada

| $X \setminus Y$ | $y_1$ | $y_2$ | $\cdots$ | $y_j$ | $\cdots$ | $y_J$ | $n_{i\cdot}$ |
|---|---|---|---|---|---|---|---|
| $x_1$ | $n_{11}$ | $n_{12}$ | $\cdots$ | $n_{1j}$ | $\cdots$ | $n_{1J}$ | $n_{1\cdot}$ |
| $x_2$ | $n_{21}$ | $n_{22}$ | $\cdots$ | $n_{2j}$ | $\cdots$ | $n_{2J}$ | $n_{2\cdot}$ |
| $\vdots$ | $\vdots$ | $\vdots$ | $\ddots$ | $\vdots$ | | $\vdots$ | $\vdots$ |
| $x_i$ | $n_{i1}$ | $n_{i2}$ | $\cdots$ | $n_{ij}$ | $\cdots$ | $n_{iJ}$ | $n_{i\cdot}$ |
| $\vdots$ | $\vdots$ | $\vdots$ | | $\vdots$ | $\ddots$ | $\vdots$ | $\vdots$ |
| $x_I$ | $n_{I1}$ | $n_{I2}$ | $\cdots$ | $n_{Ij}$ | $\cdots$ | $n_{IJ}$ | $n_{I\cdot}$ |
| $n_{\cdot j}$ | $n_{\cdot 1}$ | $n_{\cdot 2}$ | $\cdots$ | $n_{\cdot j}$ | $\cdots$ | $n_{\cdot J}$ | $n$ |

En ella aparecen los valores, las frecuencias conjuntas y las respectivas marginales de la distribución bivariante del vector formado por las dos variables categóricas.

En este caso se utiliza el estadístico $\chi^2$ de Pearson

$$q = \sum_{i=1}^{I} \sum_{j=1}^{J} \frac{\left(n_{ij} - \frac{n_{i.} n_{.j}}{n}\right)^2}{\frac{n_{i.} n_{.j}}{n}}.$$

También consiste este estadístico en la suma, para todas las categorías, de los valores muestrales observados menos los esperados si $H_0$ es cierta, al cuadrado, entre los esperados.

Efectivamente, si suponemos una clasificación conjunta única, el número de individuos de la muestra observados en cada una de las $IJ$ categorías se corresponde con la frecuencia conjunta de la distribución bivariante y si se supone cierta la independencia entre $X$ e $Y$, entonces el número de individuos esperados en dicha categoría resultaría igual al producto de las frecuencias marginales entre el tamaño de la muestra.

El estadístico será tanto más grande cuanto más alejado se esté de la situación de independencia, de modo que un test razonable consistirá en rechazar la hipótesis nula para valores elevados de $q$.

También se cumple que genéricamente y bajo la hipótesis nula, el estadístico de Pearson sigue aproximadamente una distribución de probabilidad $\chi^2_{(I-1)(J-1)}$, por lo que para un nivel de significación aproximado $0 < \alpha < 1$ se propone el test

$$\text{rechazar } H_0 \Leftrightarrow q = \sum_{i=1}^{I} \sum_{j=1}^{J} \frac{\left(n_{ij} - \frac{n_{i.} n_{.j}}{n}\right)^2}{\frac{n_{i.} n_{.j}}{n}} \geq \chi^2_{(I-1)(J-1),\alpha},$$

donde $\chi^2_{(I-1)(J-1),\alpha}$ es el cuantil de la distribución $\chi^2_{(I-1)(J-1)}$ que deja a su derecha una probabilidad igual a $\alpha$.

**POR EJEMPLO:**

*supóngase que se desea contrastar si la cuantía, $X$, de los préstamos concedidos por cierta entidad bancaria tiene relación con el sexo, $Y$, del prestatario. Para ello se dispone de una muestra aleatoria simple de tamaño $n = 145$ para la que $n_{11} = 35$, $n_{12} = 30$, $n_{21} = 50$, $n_{22} = 15$, $n_{31} = 5$ y $n_{32} = 10$, siendo tres; baja, media y alta, las categorías de $X$ y dos; hombre y mujer, las de $Y$. El estadístico $\chi^2$ de Pearson es*

$$q = \sum_{i=1}^{I} \sum_{j=1}^{J} \frac{\left(n_{ij} - \frac{n_{i.} n_{.j}}{n}\right)^2}{\frac{n_{i.} n_{.j}}{n}} = \frac{\left(35 - \frac{(65)(90)}{145}\right)^2}{\frac{(65)(90)}{145}} + \frac{\left(50 - \frac{(65)(90)}{145}\right)^2}{\frac{(65)(90)}{145}} +$$

$$\frac{\left(5 - \frac{(15)(90)}{145}\right)^2}{\frac{(15)(90)}{145}} + \frac{\left(30 - \frac{(65)(55)}{145}\right)^2}{\frac{(65)(55)}{145}} + \frac{\left(15 - \frac{(65)(55)}{145}\right)^2}{\frac{(65)(55)}{145}} + \frac{\left(10 - \frac{(15)(55)}{145}\right)^2}{\frac{(15)(55)}{145}} =$$

*$13.2194 \geq 9.21 = \chi^2_{2,0.01} = \chi^2_{(I-1)(J-1),0.01}$, la decisión es rechazar $H_0$ para $\alpha = 0.01$ y por consiguiente, sí que existe relación entre la cuantía del préstamo concedido y el sexo del prestatario para cualquier nivel de significación habitual.*

Considérense ahora dos universos y una única característica que clasifica a sus elementos en $k$ categorías, $\{A_1, \ldots, A_k\}$, $k \in \mathbb{N}$, mutuamente excluyentes. Pueden ser entonces definidas las variables aleatorias categóricas $X_1$ y $X_2$, con valores los $k$ primeros números naturales, que representan la categoría de pertenencia de los individuos de cada uno de los universos.

Se plantea el contraste de homogeneidad

$$H_0 \quad : \quad X_1 \text{ y } X_2 \text{ homogéneas}$$
$$H_1 \quad : \quad X_1 \text{ y } X_2 \text{ no homogéneas,}$$

donde la hipótesis nula especifica la igualdad de distribuciones de probabilidad para ambas poblaciones y la hipótesis alternativa es equivalente a la negación de $H_0$.

Para su resolución, supónganse obtenidas sendas muestras aleatorias simples de cada una de las dos poblaciones, de tamaños respectivos $n_1$ y $n_2$.

La expresión del estadístico $\chi^2$ de Pearson es muy similar a la anteriormente empleada,

$$q = \sum_{i=1}^{2} \sum_{j=1}^{k} \frac{\left(n_{ij} - n_i \frac{n_{.j}}{n}\right)^2}{n_i \frac{n_{.j}}{n}},$$

donde $n_{ij}$ es el número de observaciones muestrales de $X_i$ clasificadas en $A_j$, $n_{.j}$ es el número total de observaciones de ambas muestras clasificadas en $A_j$ y $n = n_1 + n_2$, $i = 1, 2$, $j = 1, \ldots, k$, estableciendo un paralelismo con la notación empleada en el contraste de independencia.

También consiste este estadístico en la suma, para todas las categorías, de los valores muestrales observados menos los esperados si $H_0$ es cierta, al cuadrado, entre los esperados.

Asímismo, bajo unas condiciones muy laxas y considerando cierta la hipótesis nula, $Q \simeq \chi^2_{k-1}$, por lo que para un nivel de significación aproximado $0 < \alpha < 1$ se propone el test

$$\text{rechazar } H_0 \Leftrightarrow q = \sum_{i=1}^{2} \sum_{j=1}^{k} \frac{\left(n_{ij} - n_i \frac{n_{.j}}{n}\right)^2}{n_i \frac{n_{.j}}{n}} \geq \chi^2_{k-1,\alpha},$$

donde $\chi^2_{k-1,\alpha}$ es el cuantil de la distribución $\chi^2_{k-1}$ que deja a su derecha una probabilidad igual a $\alpha$.

El gran parecido entre las soluciones propuestas para los contrastes de independencia y homogeneidad no debe conducir a confusiones entre ambos. Dejando a un lado la propia idiosincrasia de cada uno de ellos, para el contraste de independencia se dispone de un único universo y dos criterios de clasificación, mientras que para el de homogeneidad se dispone de dos universos y un único criterio de clasificación.

Evidentemente, este contraste de homogeneidad puede ser generalizado a más de dos poblaciones para el contraste de igualdad de distribuciones de probabilidad de un modo inmediato.

**POR EJEMPLO:**

*supóngase que se desea contrastar si la cuantía, baja, media y alta, de los préstamos concedidos por cierta entidad bancaria está igualmente distribuida entre hombres y mujeres. Para ello se dispone de una muestra aleatoria simple de hombres de tamaño $n_1 = 300$ para la que $n_{11} = 150$, $n_{12} = 85$ y $n_{13} = 65$, y de una muestra aleatoria simple de mujeres de tamaño $n_2 = 200$ para la que $n_{21} = 70$, $n_{22} = 80$ y $n_{23} = 50$. El estadístico $\chi^2$ de Pearson es $q = \sum_{i=1}^{2} \sum_{j=1}^{k} \frac{\left(n_{ij} - n_i \frac{n_{\cdot j}}{n}\right)^2}{n_i \frac{n_{\cdot j}}{n}} = \frac{\left(150 - 300 \frac{220}{500}\right)^2}{300 \frac{220}{500}} + \frac{\left(85 - 300 \frac{165}{500}\right)^2}{300 \frac{165}{500}} + \frac{\left(65 - 300 \frac{115}{500}\right)^2}{300 \frac{115}{500}} + \frac{\left(70 - 200 \frac{220}{500}\right)^2}{200 \frac{220}{500}} + \frac{\left(80 - 200 \frac{165}{500}\right)^2}{200 \frac{165}{500}} + \frac{\left(50 - 200 \frac{115}{500}\right)^2}{200 \frac{115}{500}} = 11.6656 \geq 5.991 = \chi^2_{2,0.05} = \chi^2_{k-1,0.05}$, luego la decisión es rechazar $H_0$ para $\alpha = 0.05$ y por consiguiente, sí que existen diferencias entre las distribuciones de la cuantía del préstamo concedido entre hombres y mujeres para dicho nivel de significación.*

## 5.3.   Otros contrastes no paramétricos

Finalmente, en este último epígrafe del tema se va a proporcionar solución a uno de los más importantes contrastes no paramétricos, el de aleatoriedad; pues efectivamente, para la gran mayoría de los problemas inferenciales planteados la solución pasa por la condición *sine qua non* de que la muestra sea aleatoria simple.

Considérese una población representada por una variable aleatoria $X$ con distribución de probabilidad $F(x; \theta)$ y una muestra obtenida a partir de ella, $(x_1, \ldots, x_n)$. El contraste que se pretende resolver es

$$H_0 \quad : \quad (x_1, \ldots, x_n) \text{ es aleatoria simple}$$
$$H_1 \quad : \quad (x_1, \ldots, x_n) \text{ no es aleatoria simple,}$$

es decir, si la muestra es aleatoria simple o no.

Supóngase que $F(x; \theta) = Br(\theta)$, es decir, que la población es dicotómica. Entonces, se define una *racha* de ceros (unos) a una secuencia de observaciones muestrales consecutivas formada sólo por ceros (unos), precedida por un uno (cero), salvo que inicie la muestra, y seguida por un uno (cero), salvo que finalice la muestra.

---

**POR EJEMPLO:**

*la muestra* $(0, 0, 1, 1, 1, 0, 0, 0, 0, 1)$ *contiene cuatro rachas; una primera de ceros, luego una racha de unos, otra de ceros y la última, formada por un sólo uno.*

---

Denotamos mediante $t_0$ al número de rachas de ceros, $t_1$ al número de rachas de unos y se define el estadístico número total de rachas como $t = t_0 + t_1$.

Bajo la hipótesis nula y unas condiciones genéricas de amplio cumplimiento que incluyen que la muestra sea de tamaño $n$ elevado, se tiene que $T$ sigue aproximadamente una distribución Normal, $T \simeq N(2npq, 4np^2q^2)$, donde $p$ es la proporción muestral de unos y $q = 1 - p$, la complementaria proporción muestral de ceros.

Para la resolución del contraste anterior se propone el *test de rachas*

$$\text{rechazar } H_0 \Leftrightarrow t \notin \left[ 2npq - z_{\alpha/2} 2\sqrt{npq}, \, 2npq + z_{\alpha/2} 2\sqrt{npq} \right],$$

con un nivel de significación aproximado $0 < \alpha < 1$.

La generalización del test de rachas a una población no dicotómica con distribución de probabilidad cualquiera se lleva a cabo dicotomizando la población previa comparación con la mediana. Esto es, considerando las dos categorías, valores mayores que la mediana y valores menores que la mediana. Los que resulten iguales pueden ser incluidos de un modo arbitrario en cualquiera de ellas.

En este caso general, se tiene que $T \simeq N(n_1, \frac{n_1}{2})$, con $n_1$ el número de unos en la muestra, y el test de rachas es

$$\text{rechazar } H_0 \Leftrightarrow t \notin \left[ n_1 - z_{\alpha/2}\sqrt{\frac{n_1}{2}}, \, n_1 + z_{\alpha/2}\sqrt{\frac{n_1}{2}} \right],$$

también con un nivel de significación aproximado $0 < \alpha < 1$.

**POR EJEMPLO:**

*supóngase que se desea contrastar si la muestra (32, 45, 23, 46, 43, 65, 32, 34, 12, 32, 29, 42, 62, 23, 41, 36, 39, 50, 29, 31, 21, 18, 52, 25, 43, 45, 21, 39, 45, 32) puede ser considerada como muestra aleatoria simple. La mediana es $Me = 35$, por lo que la muestra dicotomizada resulta (0, 1, 0, 1, 1, 1, 0, 0, 0, 0, 0, 1, 1, 0, 1, 1, 1, 1, 0, 0, 0, 0, 1, 0, 1, 1, 0, 1, 1, 0). El número de rachas es $t = 15$ y el de unos también, $n_1 = 15$. Como $t = 15 \in [9.6323, 20.3677] = \left[ 15 - 1.96\sqrt{\frac{15}{2}}, 15 + 1.96\sqrt{\frac{15}{2}} \right] = \left[ n_1 - z_{\alpha/2}\sqrt{\frac{n_1}{2}}, n_1 + z_{\alpha/2}\sqrt{\frac{n_1}{2}} \right]$, la decisión es aceptar que la muestra considerada es aleatoria simple para un nivel de significación $\alpha = 0.05$.*